Table des matières

- **INTRODUCTION**
- **DEFINITIONS** 2
  - SYMBOLES DE HOCKEY 2
  - PHASES DE MATCH 3
  - DESCRIPTION 3
  - DEUX AXES DU HOCKEY 4
  - ABREVIATION AU HOCKEY 5
  - STRUCTURE DE L'EQUIPE 5
  - ÉTAPES DE LA CONSTRUCTION D'UNE UNITE ATTAQUANTE AU HOCKEY 7
  - TACTIQUE 7
  - STRATEGIE 8
  - PLAN 8
  - LA SELECTION TECHNIQUE 9
  - UTILISATION DES JOUEURS EN MAJORITE OU EN MINORITE NUMERIQUE 10
- **Partie 1 : ATTAQUE** 11
  - **CHAPITRE 1 : CONTRE-ATTAQUE.** 11
    - 1.1. Evacuation du palet : 11
    - 1.2. Sortie. 11
    - 1.2.1. Contre-attaque depuis le lieu de récupération du palet. 11
    - 1.2.2. Au bord. 12
    - 1.2.3. Passer par le fond du terrain. 13
    - 1.2.4. Sortie de l'endroit de la récupération. 13
    - 1.2.5. Passe inversée. 14
    - 1.2.6. Passe par le fond du terrain. 15
  - **CHAPITRE 2. DEVELOPPEMENT D'UNE ATTAQUE DANS LA ZONE NEUTRE.** 16
    - 2.1. Roulement. 16
    - 2.1.1. Trident. 16
    - 2.1.2. Accordéon. 17
    - 2.1.3. Deux du même côté. 19
    - 2.2. Combinaisons. 21
    - 2.2.1. Rejoindre et donner. 21
    - 2.2.2. Passe en arrière. 21
    - 2.2.3. Passe en avant. 21
  - **CHAPITRE 3 L'ENTREE.** 22

- 3.1. Jet du palet (option sûre). ... 22
  - 3.1.1. Jet du palet en diagonale. ... 22
  - 3.1.2. Jet perpendiculaire. ... 22
  - 3.1.3. Jet en mouvement. ... 23
  - 3.1.4. Jet vers la cage de l'adversaire. ... 23
- 3.2. Option intermédiaire. ... 23
  - 3.2.1. Passe derrière l'adversaire. ... 23
- 3.3. Option contrôlée. ... 24
  - 3.3.1. Passe téléguidée. ... 24
  - 3.3.2. Passe vers le bord. ... 24
- 3.4. Attaque en mouvement (combinaisons après l'entrée). ... 25
  - 3.4.1. Deuxième rythme. ... 25

- **Chapitre 4. Règles de l'offensive.** ... 26
  - 4.1. Positions de contrôle. ... 26
    - 4.1.1. Jeu dans la zone de but. ... 26
    - 4.1.2. Jeu derrière la cage. ... 26
    - 4.1.3. « Faire feu de tout bois ». ... 27

- **Chapitre 5. Schémas de l'offensive (Combinaisons positionnel).** ... 28
  - 5.1. Jeu sur le demi-bord. ... 28
    - 5.1.1. La règle du triangle. ... 28
    - 5.1.2. Croisement simple. ... 29
    - 5.1.3. Croisement complexe. ... 30
    - 5.1.4. Mouvement du Défenseur Polyvalent (DP). ... 31
    - 5.1.5. Passe en Diagonale vers un défenseur. ... 31
  - 5.2. Combinaisons dans la zone offensive. ... 31
    - 5.2.1. Cycling. ... 32
    - 5.2.2. Le Cycling au niveau de la cage. ... 32
    - 5.2.3. Croisement avec le défenseur. ... 33

Partie 2. RESISTANCE ... 34

- **Chapitre 6. Formation offensive.** ... 34
  - 6.1. Récupération. ... 34
    - 6.1.1. Adhérence. ... 34
    - 6.1.2. Pression de mouvement. ... 36
    - 6.1.3. Prudemment. ... 37
  - 6.2. Repli ordonné. ... 37
  - 6.3. Retour. ... 38

- **Chapitre 7 Rencontre.** 38
  - 7.1. Adhérence. 38
  - 7.2. Pression de mouvement. 39
  - 7.3. Prudemment. 41
- **Chapitre 8. Règles de défense.** 43
  - 8.1. Règles de défense générales. 43
  - 8.1.1. Être à sa place. 43
  - 8.1.2. Ne pas intercepter un shoot. 43
  - 8.1.3. Marquer l'adversaire. 43
  - 8.1.4. Le principe du voisin. 44
  - 8.2. Règles de défense spécifique. 44
  - 8.2.1. Nettoyer la zone de but. 44
  - 8.2.2. Bloquer la crosse. 44
  - 8.2.3. Ne pas bloquer la visibilité du gardien. 44
  - 8.2.4. Déploiement sur la trajectoire du shoot. 44
- **Chapitre 9. Formation de la défense.** 45
  - 9.1. Adhérence. 45
  - 9.2. Pression de mouvement. 47
  - 9.3. Prudemment. 48

Partie 3. L'AVANTAGE NUMERIQUE 50
- **Chapitre 10. Escouades spéciales.** 50
  - 10.1. Construction en Power-Play. 50
  - 10.2. Combinaisons en Power-Play. 52
  - 10.3. Les règles en minorité numérique (Penalty-Kill). 55
  - 10.4. Solutions en minorité numérique (Penalty-Kill). 57

Partie 4. ENGAGEMENTS 59
- **Chapitre 11. Construction des engagements.** 59
  - 11.1. Engagement dans la zone de défense. 59
  - 11.1.1. Bord fort. 59
  - 11.1.2. Croisement. 60
  - 11.1.3. Passe courte. 60
  - 11.1.4. Lancé derrière la cage. 61
  - 11.1.5. Maintenir le tempo. 61
  - 11.1.6. Sur un seul partenaire. 62
  - 11.2. Engagement gagné dans la zone centrale. 63
  - 11.2.1. Point central. Classique. 63

- **11.2.2. Attaquant à la place d'un défenseur.** 64
- **11.2.3. Attaque transverse.** 64
- **11.2.4. Avancée par le centre.** 65
- **11.2.5. Basculement du centre vers le bord.** 66
- **11.3. Engagement perdu dans la zone centrale.** 67
- **11.3.1. Pressing par les deux ailiers.** 67
- **11.3.2. Mouvement d'un Ailier.** 67
- **11.3.3. Mouvement du Centre (C).** 68
- **11.4. Engagement dans la zone offensive.** 68
- **11.4.1. Directement pour shooter.** 68
- **11.4.2. Transfert à un Ailier.** 68
- **11.4.3. Pression d'angle.** 69
- **11.4.4. Contournement.** 69
- **11.4.5. Déploiement.** 70
- **11.4.6. Pénétration.** 70
- **11.4.7. Pour faire feu de tout bois.** 71
- **11.4.8. Blocage.** 71
- **11.5. Engagement en majorité numérique (Power-Play).** 72
- **11.5.1. Positionnement Classique.** 72
- **11.5.2. Doubler sur le bord.** 73
- **11.5.3. Doubler par l'intérieur.** 73
- **11.6. Engagement après remplacement du gardien de but.** 74
- **11.6.1. Doubler.** 74
- **11.6.2. Sur les défenseurs.** 75
- **11.6.3. De l'intérieur.** 75

REMARQUES 77
CONCLUSION 79

INTRODUCTION

En quoi la tactique est-elle différente du plan ? Comment les lignes sont-elles constituées ? Quelles méthodes tactiques existent-t-il au hockey ? Quel style joue l'équipe ? Pourquoi un défenseur doit-il jouer en attaque ? Qu'est-ce que le pressing ?

Commençons par le plus simple, avec les définitions et les terminologies classiques. Même si ce n'est pas nouveau pour nous, il est préférable de les revoir afin d'en mieux assimiler la logique. Ce manuel doit être pour nous, une fondation sur laquelle nous ferons de nouveaux ajouts dans le futur.

- **ALORS, QU'EST-CE QUE LE HOCKEY SUR GLACE ?**

    Le hockey est un sport d'équipe, ce sport consiste en une confrontation entre deux équipes qui se disputent le palet entre eux et s'efforcent de le lancer le plus grand nombre de fois dans la cage de l'adversaire, tout en protégeant la sienne. Bien entendu, l'équipe qui aura atteint le plus de fois la cage de l'adversaire gagne. Selon les règles du jeu, une ligne (5 personnes) plus le gardien peuvent participer. Pendant le match, un turn over des joueurs est effectué afin de garder le rythme, et, de permettre à l'entraîneur d'effectuer des changements de lignes, pour coordonner son équipe face de celle de l'adversaire dans le but de remporter la victoire.
    Au total, l'équipe aligne 22 joueurs : deux gardiens de but et quatre lignes de cinq joueurs.
    Durant un match, le rythme est au maximum, un joueur ne peut passer qu'une période de 40-120 secondes sur la glace, après quoi il est remplacé. L'ensemble de la ligne est totalement remplacé et ne repart sur la glace qu'après une période de 2,5 à 4 minutes de repos. Au total, pendant une période (20 minutes de temps effectif de jeu), chaque ligne effectue de 5 à 6 changements, et pour la totalité du match entre 15 et 18.

- **QU'EST-CE QUE L'ARMEE ET LE HOCKEY ONT EN COMMUN ?**

    Dans l'armée l'homme est coupé de ses conditions naturelles d'existence, il combat dans tous les environnements : sur terre, en mer et dans les airs. Au hockey, patiner sur glace n'est pas un état naturel, nous devons adapter notre corps à cette condition. Cette adaptation est obtenue à l'aide de la crosse, du palet et des protections (armures et armes). La victoire elle-même n'est remportée que par le collectif qui est composé :
    - D'une part, une hiérarchie organisée : Quartier général (entraîneurs), logistique (soutien aux équipes), recrutement (Agents), grade militaire (capitaine d'équipe, assistants de capitaine).
    - D'autre part, les soldats eux-mêmes (joueurs de hockey) qui ont différents types de fonctions, et différentes qualifications.

    Le hockey est avant tout une compétition et la compétition est un combat, la lutte est avant tout une question de tempo, le Hockey est un sport de rythme. C'est l'interaction entre le joueur de la ligne qui crée le rythme, le niveau le plus élevé de notre interaction sera le contrôle total du palet.

    L'essence de ce jeu est la densité ! Il est possible d'augmenter la vitesse des joueurs ou du déplacement du palet. En augmentant la vitesse de déplacement, nous augmentons la densité de notre résistance et étouffons l'attaque de l'adversaire. En augmentant la vitesse de déplacement du palet, nous brisons la densité de la résistance de l'adversaire et créons de la place pour notre attaque.
    Le contact avec le joueur qui a le contrôle du palet est l'Action Technico Tactique la plus simple (ATT), plus le contact est fréquent, plus la densité du jeu est élevée. L'ATT est l'action la plus simple, car le contact n'a aucun effet négatif. Nous cherchons à aligner des défenseurs capables de résister à un niveau important de contact, cela demande des bonnes qualités physiques.
    En résumé, prêtons attention au verbe travailler dans notre sport. Les mots « travail » et le verbe « travailler » doivent être clairement distingués, le travail, c'est jouer son rôle, travailler c'est s'investir complètement dans sa mission. Le hockey est un sport avec une priorité à la contre-attaque, alors tout le monde travaille en résistance et surtout en défense.

DEFINITIONS

SYMBOLES DE HOCKEY

Le terrain est divisé en zones : de l'équipe (zone de défense) - neutre (zone médiane) – des adversaires (zone offensive). Au hockey, il existe des différences entre les zones, nous les analyserons plus en détail dans la première partie de ce manuel.

Hash Marks : Deux lignes parallèles au milieu du cercle de mise au jeu.
Coté du terrain : Cotés sur toute la longueur du terrain.
Fond du terrain : Côté derrière la cage.
Bas de l'enclave : Zone au centre et proche de la cage.
Haut de l'enclave : Zone au centre au-dessus du bas de l'enclave et proche de la ligne bleue.
Le sommet : C'est la zone la plus pratique pour un tir, elle offre le plus de réussite.

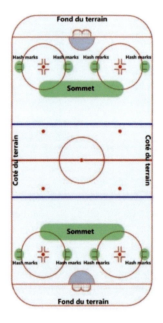

PHASES DE MATCH

L'attaque : C'est la phase du jeu qui correspond au contrôle du palet.

La résistance : C'est la phase opposée de l'attaque.

La contre-attaque : La phase du jeu correspondant à la réception du palet à la suite d'une interception ou d'une perte de palet lors de l'attaque d'un adversaire.

L'attaque en mouvement : La phase du jeu, correspondant à l'exécution d'un lancer depuis le sommet avec un minimum de deux à trois passes après le passage dans la zone offensive.

L'offensive : La phase du jeu, correspondant à la présence du palet dans la zone d'attaque qui n'est pas sous le contrôle de l'adversaire.

La défense : La phase du jeu correspondant à la présence du palet contrôlé par l'adversaire dans notre zone défensive.

Le dégagement ou lancer : Sortir de façon contrôlée ou non le palet de notre zone de défense. Idéalement doit s'accompagner d'un changement de ligne.

La sortie : Est une action collective de la ligne lors de la prise de contrôle du palet en défense, afin d'organiser une attaque en mouvement.

Le roulement : Après avoir récupéré le palet à l'adversaire dans notre zone défensive, la ligne débute un mouvement coordonné de déplacement en attaque. On débute ce mouvement derrière la cage. Si ce mouvement est contrarié par l'adversaire, on relance le roulement par une passe, ceci, dans le but d'organiser la rentrée dans la zone offensive avec un changement de ligne.

La rencontre : Phase du jeu, opposée au roulement, avec un changement préalable de la ligne.

L'entrée : Phase du jeu qui correspond à la prise de contrôle du palet dans la zone offensive à partir de la zone neutre.

DESCRIPTION

La super star : est un joueur de hockey avec une habileté phénoménale, une technique hors-paire. Il crée des situations où tout le monde sait ce qui va se passer et comment, mais où personne ne peut s'y opposer.

Le master : est un joueur de hockey qui sait lire le jeu. Au hockey, comme dans tout sport dynamique, des situations surviennent où aucun joueur n'a fait d'erreur, mais où pourtant l'adversaire à marquer. Si une fenêtre d'opportunité s'ouvre, le Master exécute l'action ou, au contraire, la ferme pour l'adversaire.

Le technicien : est un maître avec un niveau de compétence élevé.

Un homme fort : (attaquant puissant) est un joueur de hockey qui a de la force, de l'endurance et du caractère.

Le dessin de jeu : c'est l'application par la ligne d'un schéma de jeu réalisé parfaitement et en coordination, mais aussi en utilisant les capacités et les forces de chacun des joueurs.

L'intervention : est la phase du jeu où l'entraîneur décide de l'ordre d'entrer sur la glace afin de créer la domination d'un joueur sur un joueur adverse, ou, au contraire d'éviter la domination d'un adversaire sur un de ses joueurs.

Sans « but » : est la phase du jeu pendant laquelle il n'y a pas de tirs au but.

Le jeu sans la zone neutre : est une phase du jeu correspondant aux contre-attaques consécutives des adversaires en raison de l'absence d'attaque positionnelle prolongée.

Jouer le contact : Ce qui signifie aller au contact, même si l'adversaire s'est débarrassé du palet.

Jouer poliment : C'est le contraire de jouer le contact, quand l'adversaire s'est débarrassé du palet, on suit le palet, sans pour autant éviter les duels.

Rails (Nord-Sud) : Consiste à jouer exclusivement verticalement, sans utiliser le mouvement horizontal du palet en partant de la zone défensive vers la zone centrale.

Les feintes : Coups à haute vitesse ou puissants dans le but de passer un adversaire.

Le duel : Combat pour récupérer ou conserver le palet.

La majorité numérique (Power-Play) : Lorsque notre ligne est supérieure en nombre à la ligne adverse.

La minorité numérique (Penalty-Kill) : Lorsque la ligne est inférieure en nombre, le but est de protéger la cage en se plaçant en carré devant celle-ci.

DEUX AXES DU HOCKEY

- Verticale (Nord-Sud) ;
- Horizontale (Est -Ouest).

L'attaque est toujours dirigée vers le Nord. Le palet se déplace à la fois verticalement et horizontalement.

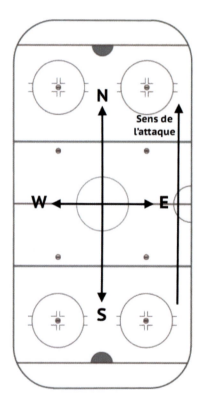

ABREVIATION AU HOCKEY

Staff : Equipe des entraîneurs ;
ATT : Actions Technico Tactiques ;
PP : Power-Play (avantage numérique) ;
D : Défenseur ;
DD : Défenseur Défensif ;
DP : Défenseur Polyvalent ;
A : Attaquant ;
C : Attaquant – Centre ;
AD/AG : Ailier Droite, Ailier Gauche ;
AP : Ailier Proche (le plus près du palet) ;
AO : Ailier Opposé (le plus éloigné du palet) ;
Dt : Distributeur, attaquant avec le rôle de l'organisateur de l'attaque ;
Dp : Dispatcher attaquant avec le rôle de décideur sur l'attaque ;
Br : Butteur.

STRUCTURE DE L'EQUIPE

- **Les attaquants**

L'organisation classique : Ailier Gauche (AG) – Centre (C) - Ailier Droit (AD). Le rôle du Centre (C) est d'effectuer l'engagement, il aide également les défenseurs, parfois, son rôle peut être réalisé par un ailier, qui dans ce cas est appelé un attaquant défensif. En règle générale, deviennent Centre (C) les joueurs n'ayant pas suffisamment de force dans le tir. La fonction des Ailiers Gauche ou Droite, est généralement d'effectuer des feintes, soit par la vitesse, soit par la force.

Les attaquants de la ligne sont définis selon leurs fonctions : Distributeur (Dt), Dispatcher (Dp) et Butteur (Br). Ils sont également organisés en fonction de leurs caractères (exemple pugnacité) et de leurs niveaux de compétences : Leader, Second, et Pivot.

- Le **Distributeur** (Dt) est un attaquant avec une avance rapide et des feintes, c'est un joueur activement impliqué dans le lancement d'une attaque. Le **Dispatcher** (Dp) est un attaquant avec une excellente vision du terrain et une bonne maniabilité pour récupérer une passe et pour passer du palet, c'est un joueur qui contribue au développement d'une attaque. Le **Buteur** (Br) est un attaquant qui a une facilité pour marquer, c'est un joueur participant activement à la phase finale de l'attaque.

- Le **Leader** est le dirigeant de la ligne, grâce à lui, tout le jeu se construit, quand les joueurs ne savent plus quoi faire il lui passe le palet.

- Le **Second** est l'assistant du leader, il s'adapte à la situation.

- Le **Pivot** est un joueur de zone de but, grâce à sa force, il sait garder sa position, bloquer la visibilité du gardien de but, il est assez adroit pour rebondir et terminer une action, la force et l'agilité sont ses qualités.

La première ligne à aller sur le terrain est une ligne « **Choc-puissance** », l'accent doit être mis sur le physique et le caractère. Nous choisissons les joueurs les plus techniques et solides. La seconde ligne « **Créateur de choc** », est une ligne qui accompagne un ou plusieurs **Super star**. « *Dans la mise en place de cette ligne, ce n'est pas tant le caractère des joueurs de hockey qui est important que le respect du principe de complémentarité, qui s'exprime dans la différence des styles de jeu, d'une part, la diversifiés d'autre part* » (Grigorkin et Travin).

Ainsi, le trio (trois attaquants) sera une organisation avec une synergie extrêmement importante, à l'inverser des joueurs de hockey individuels. Le but de cette ligne est d'organiser le jeu, il faut la protéger en ne l'utilisant que dans ce but, à l'aide d'une remise en jeu dans la zone offensive ou sur la ligne bleue de l'adversaire, nous organisons leur entrée sur le terrain de sorte que leurs changements aient lieu autant que possible dans la zone offensive. La ligne « **Créateur de choc** » ne doit être opposée à une ligne adverse « **Créateur de choc** ». En utilisant cette organisation contre la ligne adverse puissante en défense, nous allons perdre du temps et de la force.

Il faut bien sûr comprendre qu'ici, comme dans l'art, il n'y a pas d'universalisme ! Les situations sont différentes. À partir de ce qui précède, il faut conclure que les joueurs de la deuxième ligne « **Choc-puissance** », doivent élaborer le plus possible durant les entraînements des actions d'attaque. Les lignes restantes sont complétées en fonction de la disponibilité des joueur non retenus dans la première ligne. Si la première ligne « **Choc-puissance** », possède à la fois technique et physique, alors on place des techniciens dans la troisième ligne, les jeunes étant utilisés dans la quatrième.

- **Les défenseurs**

    - **Défenseur Polyvalent (DP) et Défenseur Défensif (DD).**

        L'équipe doit avoir les deux types :
        Défenseur Défensif (**DD**), il est excellent en jeu de contact et il est puissant ;
        Défenseur Polyvalent (**DP**), avec les compétences d'ailier et de dribble.

        Exemple : Zdeno CHARA (DD) - Charlie Mc AVOY (DP) ;
        Mikhail SERGACHEV (DP) - Anton STRALMAN (DD).

        De tels duos fonctionnent comme une loi de la nature où l'un ne peut exister sans l'autre : lever/coucher de soleil, jour/nuit, comme le "Yin et Yang" dans la philosophie chinoise, équilibre et harmonie des contraires.

- **Distributeur, Dispatcher et Buteur.**

    Dans l'organisation de jeu « **DDB** » (**D**istributeur, **D**ispatcher, **B**uteur) chacun des joueurs exécute la tâche qui lui est attribuée, ils sont prêts à prendre des décisions rapides, à faire usage de la vitesse et à la technique individuelle.

    De nos jours en raison de l'augmentation de la vitesse sur la glace, le rôle du joueur peut s'adapter à la situation.

    Par exemple, on prend une ligne des « Washington Capitals », OVECHKIN peut aller dans la zone de but, en même temps KUZNETSOV fait des snapshot, et ORLOV lutte dans les coins de la zone offensive. L'organisation « DDB » permet aux joueurs de s'adapter et le cas échéant de changer de rôle, ce n'est pas une loi intangible. L'organisation « DDB » est un pochoir sur lequel on s'appuie. Pour finir l'exemple, les lignes des « Capitals » jouent sur le principe de complémentarité mutuelle. C'est la prochaine étape après l'organisation « DDB ».

ÉTAPES DE LA CONSTRUCTION D'UNE UNITE ATTAQUANTE AU HOCKEY

1. Mettre en place l'organisation « DDB » en attribuant à chaque joueur un rôle ;

2. Une fois l'organisation mise en place on vérifie qu'elle est bien comprise des joueurs avec le test de MAYOROV (lorsque l'emplacement du palet est indiqué sur la tablette et qu'un joueur a la tâche d'indiquer ses actions et les actions de ses partenaires. Dans une ligne parfaite, les dessins de chacun des joueurs doivent correspondre).

3. La ligne est alors constituée de cinq Défenseurs Polyvalents c'est le principe de complémentarité mutuelle.

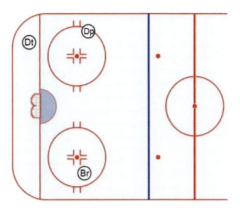

TACTIQUE

« *Au hockey, le terme tactique, défini l'art de la lutte à travers l'organisation optimale des actions individuelles, de groupe et de l'ensemble de la ligne, subordonnées à un plan où l'on rationalise les capacités de chacun des joueurs. Cette rationalisation des capacités individuelles, techniques, physiques, ou mentales permet de résister avec succès à l'adversaire* » (Koloskov).

L'action tactique est une action collective, si elle est individuelle, elle devient une action technique.

Questions sur la tactique :

1. Doit-on patiner plus, ou aller plus au contact pour prendre le contrôle du palet ?

2. Après avoir pris le contrôle du palet, le mouvement doit-il être uniquement vertical, uniquement horizontal, ou, vertical et horizontal ?

Chaque réponse tactique doit être considérée en fonction de la situation sur la glace.

Remarques :

• Si le club peut se permettre d'assembler une ligne "**Créateur de choc**" et une ligne "**Choc-puissance**" selon le principe de « DDB », avec en plus la troisième et la quatrième ligne de techniciens, alors toute l'équipe peut jouer au hockey horizontalement (orientation Ouest-Est).

• Si les compétences ou l'habileté des joueurs ne permettent pas de travailler avec le principe de complémentarité, on doit utiliser la technique « monorail » (déplacement du palet du Sud vers le Nord). Afin de faciliter le mouvement, on lance le palet dans la zone offensive, le but est de le récupérer et d'effectuer le plus de tirs possible « Faire feu de tout bois ». Avec cette méthode, on utilise au maximum notre banc : cette tactique étant simple elle ne nécessite pas de coordination élaborée et permet donc l'utilisation de l'ensemble des joueurs.

STRATEGIE

Si la tactique est définie à court terme en fonction des événements, la stratégie elle, est une vision avec des plans de match à long terme conçu préalablement, c'est notre philosophie de jeu, elle impose un système de recrutement pour construire l'équipe.

En stratégie les questions que l'on se posent sont généralement : privilégions-nous le déplacement ou le contact ? Choisissons-nous de jouer verticalement ou horizontalement ?

PLAN

Le plan est notre modèle de jeu, c'est la petite stratégie (intermédiaire entre la stratégie et la tactique) permettant de gagner dans un match, une période, ou un segment de période. Il peut être décliné en :

- **Pressing :**
    - Le « Pressing » peut être déterminé en pression de force « **Adhérence** » et « **Pression de mouvement** » :
        - **Adhérence :**
            - Concentration constante sur la cage et lutte pour le palet. Dans ce cas, la résistance commence au point où le palet est perdu, et toutes les « ATT » visent à reprendre le contrôle du palet et à créer une chance de marquer, ce qui implique l'utilisation de la combinaison la plus simple, « Faire feu de tout bois ». Par conséquent, dans la force de pression, la présence d'un attaquant (pilier) dans la zone de but est importante. La récupération forcée du palet signifie une interception à grande vitesse avec un contact fort. Dans « l'**Adhérence** » on utilise les joueurs en fonction de leurs physiques (force).
        - **Pression de mouvement**
            - L'essentiel est de ralentir l'avance du palet, de coller à celui qui le détient, en bloquant simultanément la visibilité de ses partenaires afin de gêner les passes. Un mouvement constant de l'ensemble de la ligne, destiné à bloquer la ligne adverse durant tout le match. Pour la pression de mouvement, on utilise des joueurs endurants.

- **Prudemment**
    - C'est un modèle économique de jeu, on l'utilise en cas de perte de vitesse. En cas de perte du palet, nous revenons ligne bleue, acceptant de donner à l'adversaire le temps et l'espace pour créer et développer une attaque. Dans notre zone défensive, les coins sont laissés libres, l'accent est mis sur la protection et contrôle de la zone devant la cage.

- **Descriptions :**

  - Schémas de construction du pressing de type « **Adhérence** » :

Offensive	2-1-2 "Triangle" 2-2-1 « Système »
Rencontre	2-1-2 « Triangle » 1-2-2 « Triangle haut »
Défensive	0-5 « Récupération collée »

  - Schémas de construction de la « **Pression de mouvement** » :

Offensive	1-2-2 « Combinaison sur les bords courts » 2-1-2 « Triangle sans contact »
Rencontre	1-2-2 « Etoile » 1-2-2 « Garde personnelle » «1-3-1 Garde proche »
Défensive	5x5 « Suivi continuel »

  - Schémas de construction type « **Prudemment** » :

Offensive	2-3 « Centre étiré »
Rencontre	1-2-2 « Large » 1-3-1 1-4
Défensive	2-3 « Protection de zone »

LA SELECTION TECHNIQUE

La sélection technique signifie l'utilisation de décisions tactiques en fonction des forces et des faiblesses de nos joueurs, et de celles des adversaires. Les lois du hockey, nécessitent un plan d'action spécifique, en fonction de la situation sur la glace, par exemple : pas de passes latérales contre Pavel DATSYUK, et, en fonction de la situation spécifique du match, par exemple, lancer le palet dans la zone offensive et aller à deux le récupérer, ou, n'allons jamais contre des défenseurs polyvalents forts qui contrôlent bien le palet (éviter l'adhérence), surtout lors du changement de ligne de l'adversaire avec des techniciens.

- **"Pression de mouvement"** : Si l'adversaire joue en pression de mouvement, (il met l'accent sur l'endurance), le principal est de ne pas patiner vite, de ne pas s'essouffler et, de ralentir sa vitesse. Le tempo est assuré avec la rapidité d'action. Si nos défenseurs sont bons en duel ou de bons piliers, on peut accepter que le palet reste dans notre zone défensive, sinon on doit l'évacuer.
- **"Adhérence"** : Si l'adversaire joue en adhérence (accent sur la force, la puissance), ils chercheront le contact, parfois, simplement en utilisant leurs physiques. Contre eux, il faut aussi chercher à les ralentir et chercher à passer rapidement le palet, excepté pour défenseurs qui savent esquiver sans perdre le contrôle du palet.

- Si l'adversaire joue avec une bonne combinaison, on lui oppose un pressing et l'on sort rapidement de notre zone défensive.

La sélection technique dépend des capacités naturelles du leader adverse, s'il est doué pour les feintes, alors on s'y oppose en le marquant de prêt, s'il est doué pour la vitesse et la maniabilité du palet alors, on s'y oppose par le contact.

Nous ne pouvons pas dire avec certitude sur quelle durée du temps de match les joueurs suivront le plan. Par conséquent, il est difficile de répondre à la question : « que joue l'équipe ? ». Mais on peut supposer comment différents modèles se confronteront.

Remarque :

La saison de hockey est divisée entre un championnat et une coupe. Les équipes qui ne suivent que leur plan, peuvent remporter le championnat, mais sans la sélection technique elles ne peuvent remporter la coupe.

UTILISATION DES JOUEURS EN MAJORITE OU EN MINORITE NUMERIQUE

La ligne « Choc-Puissance » va à l'encontre de la meilleure ligne de l'adversaire mais ne participe pas au Power-Play, par contre la deuxième ligne, « Créateur de choc », avec le leader de la quatrième ligne (attaquant, qui peut jouer le rôle de Dispatcher-Buteur, « Attaquant type II ») et le meilleur défenseur polyvalent forme la première ligne de Power-Play, la troisième ligne, « créateur de choc », avec le deuxième ailier de la quatrième ligne (Distributeur-Dispatcher, « Attaquant de type I ») et le deuxième meilleur défenseur polyvalent forment la deuxième ligne de Power-Play.

Le centre de la quatrième ligne (Buteur) ainsi que les attaquants de la première ligne forment les deux duos de Penalty-Kill (infériorité numérique). Et si nécessaire, le meilleur duo défensif, le centre et les ailiers de la deuxième ou troisième ligne forment le troisième duo d'attaquants Penalty-Kill.
Exemple de la composition en utilisant les quatre lignes et trois paires (duo de défenseur) avec des groupes Power-Play :

1-2-3
4-5
6-7-8
9-10
11-12-13
14-15
16-17-18

Premier groupe Power-Play « Enveloppe » : 6-7-8-9-16
Deuxième groupe Power-Play « 1-3-1 » : 18-11-12-13-14
Groupe minoritaires Penalty-Kill : 2-3-4-5 ; 17-1-9-10 ; 12-13-14-15.

Partie 1 : ATTAQUE

L'attaque est un mouvement organisé de troupes contre un ennemi dans le but d'atteindre une distance qui permet de le détruire. L'assaut, est une attaque avec un ensemble d'actions afin de maîtriser un lieu détenu par un ennemi. Au hockey, l'attaque est notre objectif, il n'y a pas de score 0-0, "Pas de buts, pas de victoires !"

CHAPITRE 1 : CONTRE-ATTAQUE.

Lorsque nous récupérons le palet dans notre zone de défensive, l'une des trois situations suivantes se produit :

- Un long siège du but a épuisé notre équipe, il est donc nécessaire d'arrêter le jeu, quelle que soit la pression continue de l'adversaire, en **évacuant le palet** ;
- Il y a de la force et il y a une opportunité de sortir de la zone défensive par une contre-attaque rapide et de mener une attaque en mouvement on effectue donc une sortie ;
- L'adversaire recule on débute un **roulement** (développé dans chapitre 2).

1.1. Evacuation du palet :

- Le joueur défensif effectue une passe forte, avec un « slapshot » vers la zone centrale, tandis que l'un des ailiers, s'y déplace et essaie de prendre ou de dévier palet, le but étant que ce dernier arrive après la ligne rouge, il se déplace ensuite rapidement afin si possible d'être le premier à l'atteindre, en utilisant la règle du dégagement hybride ;
- Un des joueurs exécute un « parachute » en direction d'un ailier qui se trouve derrière les défenseurs de l'adversaire, qui se retrouveront dos au palet alors que l'ailier lui sera en face, le but étant de rendre les défenseurs nerveux et de les déstabiliser ;
- Parfois, un ailier prend le contrôle complet du palet, les attaquants adverses reculent, libérant nos défenseurs qui peuvent dès lors accepter une passe inversée dans le but de recommencer un roulement derrière la cage pendant que nos ailiers se sont placés dans la zone centrale, éloignant les défenseurs adverses. Le centre et les deux défenseurs dans leur zone, peuvent avec un court va et vient du palet relâcher de la pression.

1.2. Sortie.

C'est une sortie organisée avec le palet de notre zone défensive dans des conditions favorables pour mener une attaque en mouvement. Dès que le palet est au-dessus des « Hash Marks », on débute la contre-attaque.

Nous utiliserons par la suite de nombreux schémas, il convient d'en expliquer la symbolique.

Symboles graphiques utilisés dans ce manuel

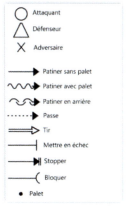

1.2.1. Contre-attaque depuis le lieu de récupération du palet.

Le joueur qui récupère le palet avec la capacité de le conserver le fait avancer, avec si besoin, la possibilité de faire un « Spin-O-Rama » pour laisser un adversaire derrière lui. Ensuite, il fait une passe en utilisant le bord vers l'ailier opposé (AO) qui a pris de la vitesse et se rapproche du palet, l'ailier proche (AP), libéré, avec le reste les joueurs se déplace rapidement pour mener la contre-attaque.

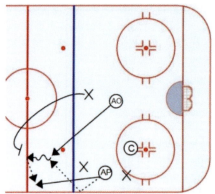

1.2.2. Au bord.

Emplacement initial : Défenseur Polyvalent (DP) avec le palet dans le coin, Défenseur Défensif (DD) dans la zone de but, le Centre (C) dans le cercle, l'Ailier Proche (AP) au-dessus du « Hash Marks », et l'Ailier Opposé (AO) au centre de la zone.
Si l'adversaire est dispersé sur le côté tout au long de notre zone défensive, alors la meilleure solution est de lancer le palet vers l'Ailier Proche (AP), de suivre et s'adapter à la situation.

Le Centre (C) soutient plus bas. L'Ailier Opposé (AO) si besoin va se battre pour le récupérer le palet qui aurait été lancé loin par l'Ailier Proche (AP), ou, va soutenir l'attaque, c'est-à-dire agit selon les instructions du « Staff ».

1.2.3. Passer par le fond du terrain.

Si l'adversaire est situé en haut de notre zone défensive et que le Défenseur Défensif (DD) peut aller derrière la cage, alors la meilleure solution est une passe derrière la cage ou une passe rapide du Défenseur Polyvalent (DP) au Défenseur Défensif (DD). L'essentiel est d'effectuer une passe rapide, afin de ne pas permettre à l'adversaire de bloquer le Défenseur Défensif (DD) et de mettre la pression.

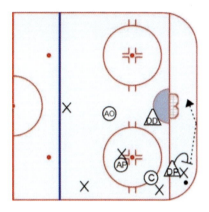

Le Centre (C), se déplace alors devant la cage au niveau du « bas de l'enclave », l'Ailier Proche (AP) patine vers le bord, le Défenseur Défensif (DD) patine avec le palet ou effectue une passe.

1.2.4. Sortie de l'endroit de la récupération.

Le Défenseur Polyvalent (DP) peut sortir lui-même vers le centre du terrain. Habituellement on patine derrière la cage pour faire baisser la pression de l'adversaire.

Le Défenseur Défensif (DD) est positionné devant la cage, le Centre (C) fait un virage vers le centre du terrain, l'Ailier Proche (AP) patine par le coté du terrain, le Défenseur Polyvalent (DP) patine lui-même avec le palet ou effectue une passe à l'Ailier Proche (AP).

1.2.5. Passe inversée.

Si le Défenseur Polyvalent (DP) en procession du palet n'arrive pas à passer la pression de l'adversaire, il effectue une passe en arrière, qui sera récupérée par le Défenseur Défensif (DD) qui se chargera de faire une sortie. Dès que le Défenseur Polyvalent (DP) aura effectué sa passe arrière, il viendra remplacer le Défenseur Défensif (DD) devant la cage.

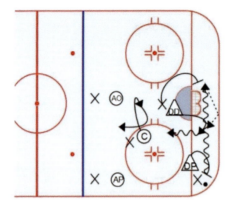

Sur le schéma ci-dessus, le Défenseur Polyvalent (DP) prend la place devant la cage en remplacement du Défenseur Défensif (DD), pendant ce temps le Centre (C) effectue une boucle et se déplace vers le centre du terrain, l'Ailier Opposé (AO) patine vers le coté du terrain, et le Défenseur Défensif (DD) patine seule avec le palet ou effectue une passe à l'Ailier Proche (AP). A la suite, afin de conserver de la vitesse, le Centre (C) et l'Ailier Proche (AP) intervertissent de côté tout en restant face à l'adversaire dans un mouvement d'arc de cercle (schéma ci-dessous).

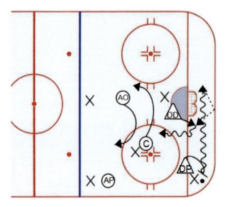

Ou bien le Défenseur Polyvalent (DP) sous pression de l'adversaire, effectue une passe avec rebond qui sera récupérée par le Centre (C), Cela gênera l'adversaire sur toute la largeur de la zone et l'obligera à reculer (schéma ci-dessous).

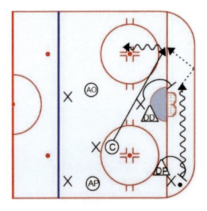

Le Défenseur Polyvalent (DP) et le Défenseur Défensif (DF) se retrouvent devant la cage, l'Ailier Proche (AP) et l'Ailier Opposé (AO) échange leur position, Le Centre (C) est dans le coin et se retrouve en capacité de mener l'attaque.

1.2.6. Passe par le fond du terrain.

Si la pression sur la défense est trop forte et qu'elle ne peut plus réagir, alors le Défenseur Polyvalent (DP) peut envoyer fortement le palet vers l'autre bord par le fond du terrain.

Dans cette variante, par étape l'ensemble des joueurs se déplace vers le bord opposé, en attendant la récupération du palet par l'Ailier Opposé (AO).

CHAPITRE 2. DEVELOPPEMENT D'UNE ATTAQUE DANS LA ZONE NEUTRE.

La zone neutre pour l'équipe attaquante ou l'équipe adverse a une signification différente :

- Pour l'équipe attaquante la zone neutre est constituée de sa zone de défense et de la zone centrale ;

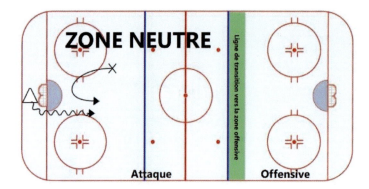

- Pour l'équipe qui défend la zone neutre est constituée de la zone offensive et de la zone centrale.

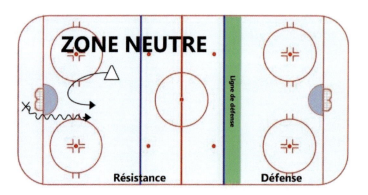

Dès que nous prenons le contrôle du palet dans la zone neutre après avoir remporté un engagement, une interception ou un rebond, nous devons soit :

1. Contre-attaquer depuis le lieu de récupération ;
2. Passer derrière la cage pour effectuer une sortie de zone ;
3. Organiser l'entrée dans la zone offensive par des combinaisons ;
4. Partir seul et organiser l'entrer dans la zone offensive.

2.1. Roulement.

Habituellement, avant le roulement, on relâche la pression de l'adversaire par des passes en arrière, c'est ce que l'on appelle à l'entraînement jouer « carré ». Le but du roulement est de livrer le palet dans la zone offensive. Le contrôle du palet lorsqu'il franchit les deux lignes bleues est déterminant pour commencer l'attaque positionnée, car on peut perdre le palet, la conséquence serait une contre-attaque de l'adversaire. Par conséquent, afin de minimiser les risques lors du passage dans la zone neutre, on peut utiliser non seulement une entrée contrôlée dans la zone offensive, mais également un jet du palet dans cette zone. L'idée du roulement est, d'une part, d'obliger l'adversaire à rester sur sa ligne bleue, et d'autre part de prendre de la vitesse pour se rabattre dans la zone offensive.

2.1.1. Trident.

Le défenseur avec le palet attend derrière la cage quelques secondes, le temps que les trois attaquants s'alignent pour patiner dans la zone neutre le long de leurs couloirs respectifs. Une fois les attaquants dans la zone neutre, il sort et fait une passe à l'un d'eux. La tâche de l'attaquant est de lancer immédiatement le palet dans la zone offensive et le suivre en profitant de l'avantage de la vitesse. Dans le schéma ci-dessous Le premier attaquant, le Distributeur (Dt) patine vers le palet, le deuxième attaquant, le Dispatcher (Dp) ferme le côté le plus proche du palet, le troisième attaquant le Buteur (Br), se déplace le long du côté opposé.

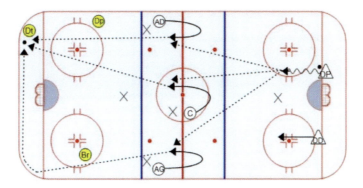

L'autre possibilité est que l'adversaire est regroupé sur l'un des côtés du terrain, alors un couloir est créé sur le côté opposé l'on peut avancer rapidement dans celui-ci avec le palet.

Le roulement doit être lancé par les défenseurs, et de préférence doit être initié par le Défenseur Défensif (DD) se trouvant derrière la cage avec le palet, le Défenseur Polyvalent (DP) doit être quant à lui dans l'un des coins du terrain. En faisant cela, on fige l'adversaire il devient inutile pour lui d'essayer de récupérer le palet, car de Défenseur Défensif (DD) peut faire facilement et à tout moment une passe au défenseur Polyvalent (DP), de plus si l'adversaire joue l'adhérence il donne un feu vert à chacune de nos attaques. Le but de toute sortie est de dépasser deux attaquants de l'adversaire et d'entrer dans la zone offensive à 3 contre 3. Déployons-nous avec les défenseurs, faisons le siège la ligne bleue de l'adversaire avec nos attaquants et figeons la résistance de l'adversaire. Il peut en résulter deux situations :

- Si l'adversaire est trop descendu, alors on effectue une longue passe vers la ligne rouge, une avance rapide vers la zone offensive ce qui procure un avantage numérique ;
- Au contraire s'il n'est pas descendu, on exécute un « roulement de jet », permettant aux attaquants de figer les défenseurs adverses.

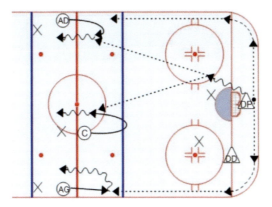

2.1.2. Accordéon.

Le but de l'accordéon, et de permettre d'avancer en utilisant la totalité de la largeur du terrain et en effectuant des passes d'un coté à l'autre à ses partenaires.

Il se peut que l'un des attaquants adverses se déplace vers le défenseur en possession du palet et positionné derrière la cage, alors le Centre (C), se déplacera au niveau son défenseur sans toucher le palet et continuera à se déplacer afin de tromper l'attaquant. Le but est de libérer le défenseur, qui pourra alors commencer son attaque. Ou, l'autre solution est que le Centre (C) prenne le palet et effectue une passe en arrière. Il s'agit des options les plus simples et les plus populaires parmi les systèmes de roulement existants

Exemples de technique d'accordéon :

- Le Défenseur Polyvalent (DP) attend derrière la cage, le Défenseur Défensif (DD) est dans le coin gauche, l'Allier Gauche (AG) est sur la ligne bleue de l'adversaire, l'Ailier Droit (AD) sur la ligne rouge, dès que le Défenseur Polyvalent (DP) a commencé le mouvement, l'Ailier Droit commence à traverser le terrain, le Centre (C) se déplace du côté gauche vers le centre du terrain et récupère la passe du Défenseur Polyvalent (DP), il patine avec le palet vers le bord droit attirant l'adversaire et effectue une passe au Défenseur Polyvalent (DP), qui lui-même fera une passe au Défenseur Défensif (DD), qui repassera au Centre (C) qui aura pris entre temps de la vitesse.

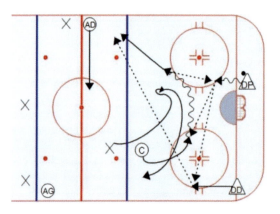

Remarque : Il y a une option de miroir, on ne part pas du bord gauche, mais à droite, alors la position des joueurs est modifiée.

- Si l'attaquant est au niveau de la cage et menace le Défenseur Polyvalent (DP) en possession du palet, alors le Défenseur Polyvalent (DP) effectue une passe au Centre (C) qui a pris de la vitesse et patine avec le palet vers le bord droit, dans le même temps l'Ailier Droit (AD) se déplace vers le centre du terrain, dans le but d'y attirer l'adversaire et de laisser la place à son Centre (C).

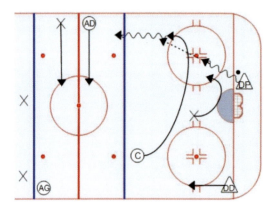

2.1.3. Deux du même côté.

Le Défenseur Polyvalent (DP) attend derrière la cage, le Défenseur Défensif (DD) est dans le coin gauche. Le Défenseur Polyvalent (DP) commence à se déplacer avec le Centre (C) positionné sur la ligne bleue commence un mouvement en arc de cercle en arrière vers le côté droit, l'Ailier Droit (AD) se déplace vers le Défenseur Polyvalent (DP) récupère le palet et se déplace avec jusqu'à qu'il soit gêné par l'adversaire, alors il fait une passe vers l'avant.

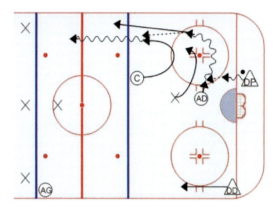

Contre « Rencontre 1-2-2 Triangle haut » effectuée par l'adversaire qui couvre les côtés, nous devons changer de bord. Le Centre (C) effectue une boucle vers l'avant droit vers le centre de sa ligne bleue, il récupère la passe du Défenseur Défensif (DF) et patine avec le palet vers le côté gauche.

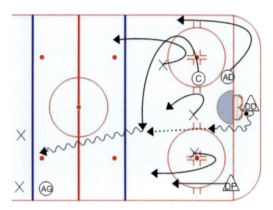

Ou bien, le défenseur patine avec le palet et effectue une passe à l'autre défenseur situé sur le côté et qui aura pris de la vitesse.

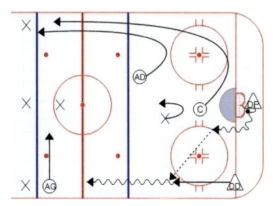

Il existe une autre possibilité, le défenseur en procession du palet ne fait pas de passe à l'un de ses équipiers se trouvant dans la zone défensive, alors ses équipiers se déplaceront vers la zone offensive pendant que le Défenseur en procession du palet effectuera un dégagement sur le côté vers l'Ailier Gauche (AG) qui lui, prolongera le mouvement du palet afin que celui-ci se retrouve derrière la cage de l'adversaire en synchronisation avec le Centre (C) qui se sera déplacé rapidement derrière la cage pour récupérer le palet, l'Ailier Droit (AD) quant à lui se sera également déplacé rapidement devant la cage adverse, tandis que l'Ailier Gauche (AG) aura pris le sommet.

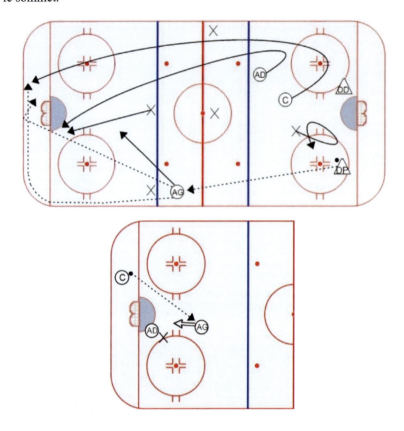

Dans les schémas ci-dessus, l'Ailier Gauche (AG) prend le rôle de Buteur (Br), mais quelque fois aussi celui de Dispatcher/Buteur (Dp/Br).

Au niveau des jeunes (U18/U20), il existe une variante : l'Ailier Gauche (AG) est au même niveau que ses partenaires et il participe au roulement sur son coté. Dans une équipe d'adultes, il y a toujours un leader dans la ligne, qu'il faut mieux économiser.

Si l'adversaire a construit une défense sur sa ligne bleue, et qu'après que l'on ait gagné une remise en jeu dans la zone neutre, on peut revenir dans notre zone défensive (sans revenir trop en arrière) avec le palet pour effectuer un roulement, le but est d'attaquer en utilisant les combinaisons ci-dessous.

2.2. Combinaisons.

2.2.1. Rejoindre et donner.

Dans le schéma ci-dessous, le Dispatcher (Dp), ralenti devant l'adversaire, rejoint le distributeur (Dt), lui passe le palet et avance de concert avec son partenaire.

2.2.2. Passe en arrière.

Lorsqu'il n'est pas possible d'avancer, les défenseurs, sur la même ligne (dans n'importe quelle zone), peuvent toujours organiser une passe entre eux. Le schéma ci-dessous montre un exemple de passe.

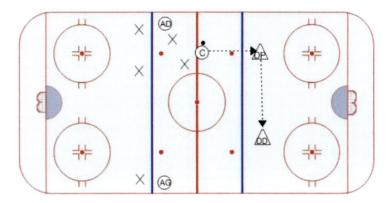

2.2.3. Passe en avant.

Après avoir reçu le palet, le défenseur le renvoi à l'un des attaquant libre en avant directement sur sa crosse ou avec un rebond sur le bord.

CHAPITRE 3 L'ENTREE.

Entrer dans la zone de l'adversaire est un moment crucial, il faut éviter l'interception du palet par celui-ci qui amènera directement une contre-attaque.

L'entrée dans la zone adverse peut se faire suivant trois options :

- Jet du palet (option sûre),
- Avancée en contrôlant le palet (option contrôlée),
- Option intermédiaire passe contrôlée en évitant l'adversaire.

3.1. Jet du palet (option sûre).

Le jet du palet est la solution tactique la plus couramment utilisée. Les équipes qui ignorent comment lancer correctement le palet dans la zone de l'adversaire ne peuvent pas gagner.

3.1.1. Jet du palet en diagonale.

Il est effectué en shootant le palet dans le coin opposé entre la cage et le côté.

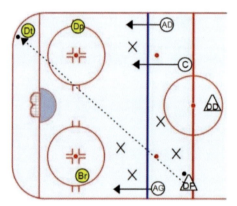

3.1.2. Jet perpendiculaire.

Il est exécuté par un « slapshot » par le bord avec puissance de manière à ce que le palet longe le bord et passe derrière la cage adverse.

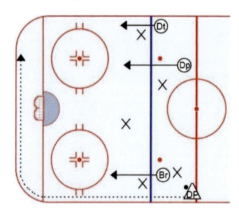

3.1.3. Jet en mouvement.

Il est exécuté en tirant vers l'avant pendant le mouvement, le but est que le palet reste dans un des coins du terrain.

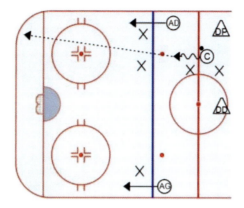

3.1.4. Jet vers la cage de l'adversaire.

Elle est effectuée dans 99% des cas en shootant vers le gardien adverse.

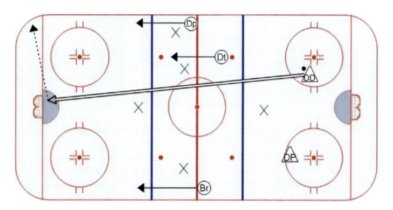

3.2. Option intermédiaire.

Entre le jet du palet et le jet en mouvement, il existe une option d'entrée intermédiaire.

3.2.1. Passe derrière l'adversaire.

Elle est effectuée en lançant le palet derrière le dos de l'adversaire dans le but de faire un rebond et de manière à ce qu'un des coéquipiers récupère la passe, elle doit être effectuée à une distance ne dépassant pas cinq mètres. Avant de l'exécuter, vous devez attirer l'adversaire vers le côté opposé de la passe.

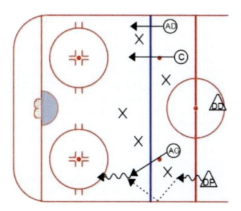

3.3. Option contrôlée.

Si l'adversaire, ayant organisé une défense sur sa ligne bleue, recule, et que notre « Dispatcher » (Dp), en possession du palet avance avec une bonne vitesse de dribble, alors l'ensemble de la ligne organise une entrée contrôlée. En règle générale, la combinaison est mise en place après l'entrée du palet dans la zone offensive.

3.3.1. Passe téléguidée.

Elle est effectuée en lançant le palet de travers ou derrière le dos, en mouvement vers le partenaire qui a pris de la vitesse de manière à apporter son soutien.

3.3.2. Passe vers le bord.

Les schémas ci-dessous montrent des exemples de passe vers le bord.

    a.   Premier mouvement ; le Centre (C) passe le palet à l'Ailier Gauche (AG) située sur la ligne bleue.

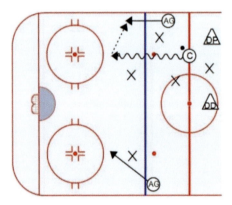

    b.   Une fois la passe effectuée le Centre (C) se déplace rapidement vers la cage, tandis que l'Ailier Gauche (AG) se déplace perpendiculairement vers le centre du terrain.

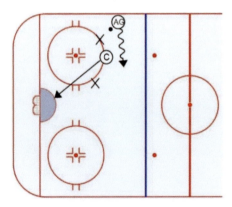

Remarque : Dans la passe téléguidée, l'organisation de l'attaque n'est effectuée que lorsque les équipiers et le palet se trouvent dans le coin du terrain, alors que dans la passe vers le bord, il n'y a pas de délai dans l'organisation de l'attaque.

3.4. Attaque en mouvement (combinaisons après l'entrée).

En règle générale, l'option contrôlée du palet est le résultat d'une contre-attaque rapide, se terminant généralement par une attaque en mouvement.

3.4.1. Deuxième rythme.

Le troisième attaquant qui peut être un défenseur arrive un peu en retard, puis celui qui a effectué la passe se déplace derrière la cage pour récupérer le palet qui aura été envoyé au préalable par son équipier, le prend et effectue une nouvelle passe vers l'équipier qui se trouve au sommet. Le deuxième rythme est toujours une solution rapide et efficace pour maintenir le tempo de la contre-attaque.

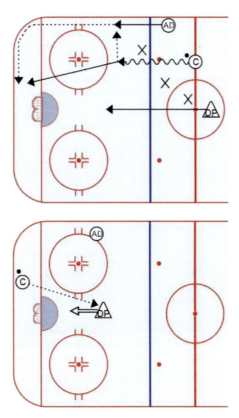

Vous trouverez ci-dessous les combinaisons jouées après que le palet soit arrivé par le côté. L'équipier qui a le palet peut choisir entre :

- Dribble du gardien.
  Après avoir attiré le gardien de but hors de sa cage :
  a. Contourne la cage en se déplaçant avec le palet et une fois en position pousse le palet dans la cage ;
  b. Contourne la cage en se déplaçant avec le palet et une fois en position tire soit, entre les jambes du gardien, soit dans un des angles de la cage, soit au niveau des épaules ;
  c. Freine derrière la cage, fait demi-tour, et une fois en position pousse le palet dans la cage ;
  d. Effectue une passe devant la cage.

- Contraindre le défenseur.
  Profitant de son avantage en vitesse ou en taille, se déplace en arc de cercle vers la cage tout en protégeant le palet.

- Spin-O-Rama.
  Ayant atteint le Hash Marks, freine brusquement et en protégeant le palet, réfléchit à la situation ;

- Longer la ligne bleue.
  Après avoir ralenti, patine le long de la ligne bleue.

Chapitre 4. Règles de l'offensive.

Règle n°1 Repositionnement :

Toujours protéger la cage, chacun des équipiers reprend sa position surtout les défenseurs et le centre. Lorsqu'un partenaire a récupéré le palet, alors il se déplace avec celui-ci dans le fond de la zone offensive, il est toujours soutenu par un de ses équipiers qui bloque le passage entre le palet et sa cage.

Règle n°2. Trois questions importantes sur l'attaque :

Il s'agit de créer des opportunités pour marquer.

1. Où est le palet ?
2. Où est la pression ?
3. Où est le passage libre ?

Règle n°3. Passe croisée :

Eviter d'effectuer des passes croisées car l'adversaire peut s'emparer facilement du palet. Il est extrêmement dangereux de faire une passe sans avoir à minima trois partenaires en soutien.

4.1. Positions de contrôle.

Il est également important de noter qu'il y a deux positions que l'équipe agressive (celle qui joue beaucoup au contact) cherche à contrôler dans la zone de l'adversaire.

4.1.1. Jeu dans la zone de but.

Le pilier dans la zone de but doit dévier le palet après un shoot pour que celui-ci rentre dans la cage, ou, faire un rebond. Mais l'objectif principal est d'être et de rester sur la zone de but afin que l'adversaire ne puisse pas le chasser de sa place. Au moment du lancer, il doit toujours y avoir quelqu'un devant la cage, par sa seule présence, il masquera la visibilité du gardien et accaparera un adversaire qui renforcera le manque de visibilité du gardien. La force d'un attaquant puissant n'est pas de chercher le conflit ; sa force est sa capacité à rester dans la zone de but, sans s'en faire chasser et d'être un pilier.

4.1.2. Jeu derrière la cage.

Placé avec le palet derrière la cage, on peut :

- Envoyer le palet par l'un des deux coté dans la zone de but de l'adversaire.

- Passer le palet vers le haut de l'enclave à un partenaire qui a été libéré.

- Passer le palet en arrière à un partenaire qui se dirige vers la cage, et qui n'aura qu'à pousser le palet dans celle-ci.

La force du technicien est déterminée par son jeu derrière la cage. Nous nous efforcerons à mettre un bon lecteur du jeu derrière la cage adverse.

4.1.3. « Faire feu de tout bois ».

Après avoir appris les règles de l'attaque positionnée, il est logique de commencer par une combinaison simple « faire feu de tout bois ». C'est un système par lequel on commence à apprendre les diverses combinaisons de jeu, et qui peut être utilisé à tout moment. On peut « faire feu de tout bois » dans des situations différentes, soit quand on a une avance au score ou au contraire quand on est mené de plusieurs points afin de recoller au score. C'est la seule solution pour une ligne faible techniquement mais qui a une forte puissance.

« Faire feu de tout bois » c'est récupérer le palet dans le seul but d'amener un équipier en position de shooter le plus rapidement possible.

Il y a toujours au moins un attaquant, de préférence deux dans la zone de but, ce qui a pour but de figer deux adversaires, et dans le même temps, qui permet au reste de la ligne d'effectuer des tirs.

Le schéma ci-dessous montre la disposition 6 contre 5 dans une situation où le gardien de but est remplacé par un sixième joueur.

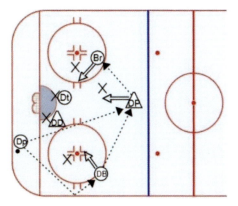

Si l'on cherche systématiquement à tirer à travers le mur devant la cage, l'on risque de blesser un équipier, le plus simple et d'essayer de tirer en cloche, car le « palet trouve toujours son chemin ».

Dans le schéma ci-dessous, une très bonne maîtrise permet de tirer non pas directement vers le mur mais d'utiliser un rebond par le fond de manière à passer à un partenaire qui pourra pousser le palet dans la cage.

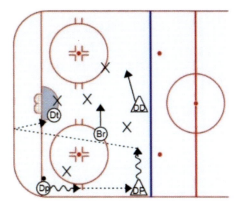

Chapitre 5. Schémas de l'offensive (Combinaisons positionnel).

Avant de passer aux schémas eux-mêmes, examinons l'axiome appelé « Mathématiques au hockey », 2 joueurs ont 2 possibilités d'interaction, pour 3 joueurs 14 possibilité, pour 4 joueurs, 62, pour 5 joueurs, c'est 142 possibilités non répétitives de faire une erreur et perdre le palet. Conclusion : une combinaison à 2 équipiers est la variante la plus fiable, à jouer sur le « demi-bord » selon la règle du triangle.

5.1. Jeu sur le demi-bord.

5.1.1. La règle du triangle.

Le triangle est constitué de deux attaquants, le Distributeur (Dt) et le Dispatcher (Dp) et d'un Buteur (Br) en soutien. Les deux attaquants (Dt + Dp) jouent dans le coin du terrain dans le but de conserver et de contrôler le palet entre eux, pendant ce temps, le Buter essaye de trouver la meilleure position pour shooter au sommet.

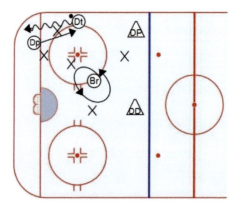

L'objectif du triangle est de déstabiliser la défense de l'adversaire à la suite des croisements répétés du Distributeur (Dt) et du Dispatcher (Dp), qui effectueront une passe au Buteur (Br) quand il sera dans la meilleure position pour fait un « One timer ». Si le buteur est droitier, vous devez essayer de jouer dans le coin droit, et inversement s'il est gaucher.

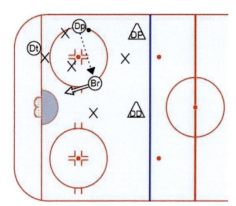

La position optimale pour un défenseurs droitier et de se tenir à droite, et, inversement pour un gaucher d'être à gauche, afin d'être le plus apte à récupérer le palet si éventuellement il est perdu et effectuer une passe par le côté. Ou, selon leur capacité technique le Défenseur Polyvalent (DP) soutient vers le bord, alors que le Défenseur Défensif (DD) soutiendra au milieu et au niveau de la ligne bleue.

5.1.2. Croisement simple.

Un attaquant avec le palet, par exemple, le Distributeur (Dt) descend derrière la ligne de but, et le Dispatcher (Dp) prend la place du Distributeur, le Buteur (Br) quant à lui, prend la place du Dispatcher, dès que le Buteur est à sa place, le Distributeur effectue une passe arrière par le bord au Dispatcher, celui-ci effectuera alors une passe directe au Buter qui se trouvera en position se shooter.

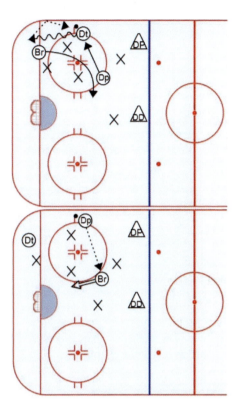

Dans de nombreux cas, le croisement simple par le changement de position des attaquants perturbe la défense de l'adversaire. Il se peut que le croisement ne se fasse qu'entre le Distributeur (Dt) et le Buteur (Br) de façon répétée, c'est un croisement double, ils continueront d'échanger constamment de position jusqu'au moment favorable au tir direct.

5.1.3. Croisement complexe.

Tandis que le Dispatcher (Dp) travaille sur le demi-bord, c'est-à-dire qu'il effectue avec le palet un mouvement de va et vient entre le demi-bord et le coin proche, le Buteur (Br) et le Distributeur (Dt) changent de position. Le croisement s'effectue lorsque le Dispatcher passe de la position demi-bord au coin. Le Distributeur ayant passé derrière la cage, se dirige vers le sommet, et le Buteur, remplace le Dispatcher sur le demi-bord.

Étape 1 :

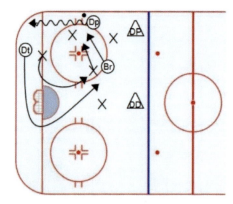

Le Dispatcher et le Buteur échangeront leur position en se passant le palet d'un coin à l'autre avant de passer à l'étape 2.

Étape 2 :

Le Buteur, au moment où le Dispatcher est dans le coin avec le palet, fait croire qu'il va échanger une nouvelle fois de place avec le celui-ci, mais se déplace au sommet ou il recevra le palet.

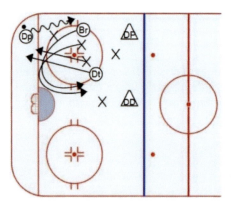

Le but du croisement complexe et non seulement de perturber l'adversaire, mais également de l'attirer afin d'ouvrir un espace soit pour poursuivre une autre action, soit pour réaliser une passe au buteur.

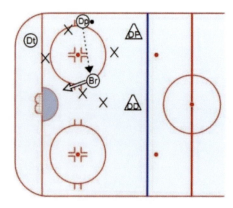

Remarque : le croisement complexe permet non seulement de désorienter l'adversaire, mais également de le fatiguer dans de vaines poursuites.

5.1.4. Mouvement du Défenseur Polyvalent (DP).

Le Défenseur Polyvalent (DP), cache son mouvement, et par une grande boucle vers l'arrière se dirige au sommet, où il se retrouve seul.

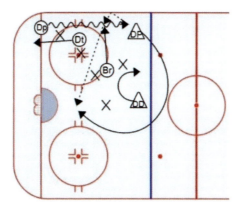

Le Défenseur Défensif (DD) accompagne le mouvement du Défenseur Polyvalent (DP) dans le but de détourner l'attention des ailiers adverses, et de les attirer sur la ligne bleue, l'Ailier Opposé adverse qui est responsable de la défense du haut de l'enclave. Dans le schéma ci-dessus, les actions des défenseurs adverses ne sont pas représentées de manière conventionnelle.

5.1.5. Passe en Diagonale vers un défenseur.

Tout comme dans le croisement complexe, le Dispatcher (Dp) patine de la ligne de but vers le demi bord, le Buteur (Br) descend du sommet vers la zone de but, ouvrant le passage pour une passe directe au Défenseur Défensif (DD) qui sera sur la ligne bleue face à la cage, dans le même mouvement, le Distributeur (Dt) se déplacera également dans la zone de but. L'objectif et d'attirer les défenseurs adverses vers leur cage, afin de masquer la visibilité du gardien et de permettre au Défenseur Défensif (DD) d'effectuer un tir, ou d'envoyer le palet dans la zone de but afin que celui-ci soit récupéré par un de ses équipiers.

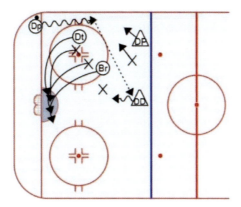

Cette combinaison ne peut s'effectuer que si les défenseurs ne sont pas marqués, elle permet au défenseur de disposer de suffisamment de temps pour gérer le palet et prendre une décision.

5.2. Combinaisons dans la zone offensive.

« La super star » influe sur le déroulement du match, indépendamment de la pression et du niveau de l'adversaire. Trouvons un joueur original, ajoutez-lui un « technicien », agissant sur la même longueur d'onde, et les deux annihileront n'importe quelle résistance, briseront n'importe quelle défense. Il est toujours plus facile de trouver un bon duo que de créer une ligne homogène. Une fois ce duo trouvé, ajouter des équipiers, un « homme fort », ou mieux, un « master » qui travaillent dans la récupération et qui effectuent les contres attaques.

Au début, nous devons maîtriser des combinaisons simples, les combinaisons en duo, en trio, afin de mettre en place un jeu à cinq. Les combinaisons permettent aux joueurs de contrôler le palet sur leurs positions prédéfinies dans la zone offensive pendant que le Buteur est en position de tirer. Elles permettent aussi, de faire tourner la défense de l'adversaire dans un carrousel pour le perturber avec des actions répétées. N'importe quel équipier peut jouer n'importe quel rôle, elles brisent la chaîne de défense, et permet au premier équipier libre de terminer l'action.

5.2.1. Cycling.

La position initiale, le Dispatcher (Dp) est au niveau de la cage, le Distributeur (Dt) est dans le coin, et le Buteur (Br) et au sommet. Le joueur avec le palet (Dt) patine du coin vers le demi bord et effectue une passe en arrière vers (Dp) qui a pris sa place, (Br) remplace (Dp) au niveau de la cage, (Dt) a pris la place au sommet, fermant ainsi le cercle.

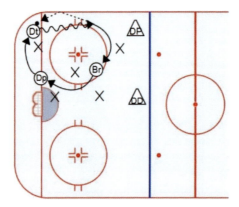

Dès que la défense adverse ne marque plus le Dispatcher, celui-ci à la possibilité de :
- Se déplacer soit dans la zone de but, soit derrière la cage ;
- D'effectuer une passe au niveau de la cage ;
- Ou d'effectuer une passe vers le défenseur opposé, qui a rejoint l'attaque, dans ce cas, le défenseur proche se déplace vers le centre de la ligne bleue.

5.2.2. Le Cycling au niveau de la cage.

La position initiale, le Distributeur (Dt) avec le palet sort de derrière la cage et commence à former le cercle, le Dispatcher (Dp) est au deuxième poteau, le Buteur (Br) est au sommet face à la cage, (Dt) protège le palet avec son corps, effectue une passe arrière vers (Dp) qui a pris sa place et qui récupère le palet, (Br) se déplace vers le deuxième poteau, (Dt) prend la place de (Br) dans le haut de l'enclave, fermant le cercle.

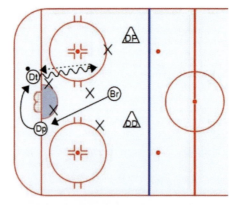

Dès que la défense adverse ne marque plus (Dp) ou (Dt), il est possible de :
- Effectuer un shoot ;
- Passer à (Br) ;
- Passer à (Dt) pour qu'il effectue un shoot ;

- Passer au défenseur opposé qui a rejoint l'attaque, dans ce cas le défenseur proche se déplace vers le centre de la ligne bleue.

5.2.3. Croisement avec le défenseur.

L'attaquant avec le palet, sort du coin et se dirige vers le demi-bord, le défenseur le plus proche se dirige dans le sens opposé libérant la ligne bleue, au moment du croisement, l'attaquant effectue une passe arrière avec rebond que le défenseur récupère.

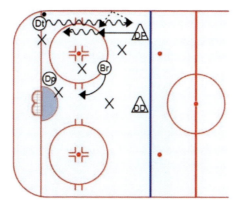

En possession du palet, le défenseur peut :
- Se déplace soit, dans la zone de but, soit derrière la cage ;
- Effectuer un jet vers la cage de manière à permettre à un équipier de marquer ;
- Si l'autre défenseur rejoignant l'attaque se déplace vers la cage il effectue une longue passe, uniquement si l'attaquant, resté sur la ligne bleue, sait jouer défensivement.

Le moment de passer le palet est très important, d'une part, nous avons besoin d'espace sur le bord, afin que l'attaquant et le défenseur ne se gênent pas au moment du croisement, d'autre part, il doit toujours y avoir une possibilité d'aller sur la ligne bleue sans passer le palet.

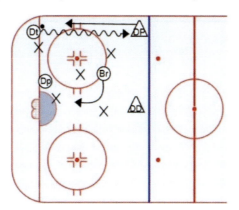

Partie 2. RESISTANCE

La résistance est l'épine dorsale de toute équipe. Nous devons créer une pression sur l'adversaire à partir de sa propre cage, nous soulageons ainsi notre gardien. Règle du hockey : "Une bonne équipe a une bonne défense", "La défense gagne des coupes !". Par conséquent, chaque membre est obligé de jouer défensivement, c'est-à-dire de se battre en résistance.

Chapitre 6. Formation offensive.

La formation offensive est une partie intégrante de la résistance, elle commence par la planification d'un modèle offensif. Schéma qui nous permet d'aller à la récupération, de reculer avec compétence vers la ligne bleue et de revenir correctement dans notre zone. Il est bon de voir que la résistance commence par un bon replacement de chacun des équipiers.

6.1. Récupération.

La théorie classique du hockey sur glace, implique une pression exercée dans la zone offensive dans le but de récupérer le palet. L'application de cette théorie suppose des lignes assemblées selon le principe de réciprocité et de complémentarité. Suivant les modèles déclinés ci-dessous :

6.1.1. Adhérence.

Offensive de type 2-1-2 "triangle".

Formation classique basée sur un excellent entraînement privilégiant la force et un caractère de combattant. L'avantage de cette formation est d'exercer une pression constante sur la défense adverse, la récupération du palet s'effectue dès que l'adversaire l'a perdu, la sortie de la zone est autorisée par le centre.
Si notre défense perd le palet au milieu du terrain cela donne immédiatement à l'adversaire une chance de marquer.
Cette formation à des points négatifs, elle oblige à conserver une bonne forme pendant la saison et pendant la durée du match, dès qu'il est possible il faut effectuer des changements. Cependant les joueurs n'aiment pas jouer uniquement 30 secondes. Cette organisation impose, une bonne construction d'équipe avec une bonne préparation tactique et technique.

La position initiale :

- Les deux attaquants se trouvent sur la ligne de but forment un triangle avec troisième placé dans la partie supérieure du cercle,
- Les défenseurs sont positionnés sur la ligne bleue, et se déplacent en fonction de la position du palet, l'un contre le bord, le second au milieu de la ligne bleue.

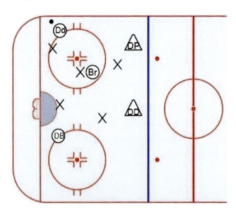

Offensive de type 2-2-1 "système".

Selon ce système, le Défenseur Défensif (DD) joue le rôle du pilier, restant au milieu de la ligne bleue lors d'une attaque, ou devant la cage en défense d'où il pourra lancer des attaques en passant derrière de la cage. Le Défenseur Polyvalent (DP) et le Centre (C) ont le même objectif, le contrôle des bords et les duels dans les coins, soutenant les contre-attaques.

La position initiale est la suivante :

- L'un des ailiers contrôle le bord, le second se place devant la cage, bloquant la visibilité du gardien ;
- Le Centre (C) se positionne en haut du cercle et vers le bord ;
- Le Défenseur Polyvalent (DP) est positionné en miroir du Centre et légèrement au-dessus ;
- Le Défenseur Défensif (DD) se déplace le long de la ligne bleue d'un côté vers l'autre.

Ce système :

- Exerce plus de pression sur la défense adverse.
- Est plus critique pour le physique et oblige une bonne préparation technique de l'équipe ;
- Si l'adversaire a pris l'avantage en troisième période, l'équipe est obligée de faire « feu de tout bois », ce sera la seule solution.

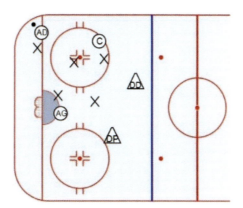

6.1.2. Pression de mouvement.

Offensive de type 1-2-2 "Combinaison sur les bords courts".

Ce plan est basé sur une excellente forme physique de l'équipe, de l'endurance et l'excellent patinage des joueurs.
L'avantage de cette combinaison est d'assurer la sécurité, le premier niveau est soutenu par le deuxième lui-même soutenu par le troisième.

La position initiale est la suivante :

- Le premier attaquant récupère le palet et contrôle le côté ;
- Le second, appuie le premier, soit assure le bord, soit libère la zone en se déplaçant de manière synchrone devant la cage ;
- Le troisième se déplace sur la largeur de l'enclave, et reste toujours prêt à reculer ;
- Les Défenseurs sont sur la ligne bleue, l'un au bord, l'autre au centre.

6.1.3. Prudemment.

Offensive de type 2-3 "Centre étiré".

C'est le schéma le plus utilisé par la plupart des équipes. C'est la version moderne du « système 2-2-1 ». Selon ce schéma, le Centre (C) se place au milieu et en dessous de la ligne bleue, tenant sa position et refusant les duels, tout en restant aux aguets pour éventuellement récupérer le palet. Cette disposition implique que l'on refuse de se battre pour le palet en bas du terrain.

L'avantage de cette formation est qu'elle rend toujours difficile pour l'adversaire de sortir de sa zone. Et si l'on est obligé de reculer, on ne perd qu'un seul équipier. De plus, ce schéma peut être joué par des joueurs de tout niveau tactique, technique et physique. L'inconvénient est que si nous perdons le contrôle, nous perdons le bénéfice de l'attaque positionnelle.

La position initiale est la suivante :

- L'attaque positionnelle est menée par deux attaquants ;
- L'attaquant positionné au centre entre la ligne bleue et les « Hash Marks » peut se déployer au sommet et agir selon le schéma 1-2-2 ;
- Les défenseurs restent sur la ligne bleue.

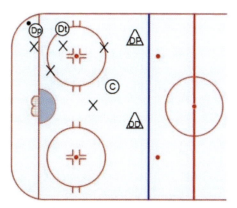

6.2. Repli ordonné.

Dès que l'adversaire a récupéré le palet dans sa zone et effectue la contre-attaque, il faut revenir rapidement sur sa ligne bleue et l'empêcher d'entrer dans notre zone avec le palet. En règle générale, le repli ordonné se réalise avec trois joueurs sur l'avant et deux derrière. Habituellement, tout le monde agit en fonction de la situation et en fonction des ordres du staff, "Est-ce aux défenseurs, aux attaquants ou au membre de l'équipe de plus proche du palet de le récupérer ?".

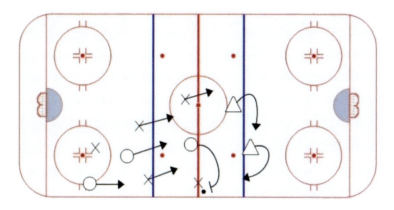

6.3. Retour.

Il n'est pas toujours possible de bloquer l'adversaire sur sa ligne bleue, dans ce cas il est très important que les attaquants qui se sont attardés dans la zone offensive retournent correctement et rapidement dans notre zone et marque les joueurs adverses.

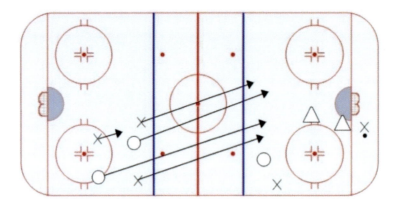

Chapitre 7 Rencontre.

Dès que l'adversaire est sur le point de sortir de derrière la cage, il est nécessaire de se positionner et de fermer la zone du milieu. La tâche principale de la Rencontre est d'augmenter le temps de développement de l'attaque de l'adversaire, pour empêcher l'entrée contrôlée et l'attaque en mouvement. Nous ne pouvons pas accepter que l'adversaire passe la ligne bleue et la franchisse rapidement. Pour cela, notre objectif est de ralentir celui qui possède le palet et de le détourner vers le bord, dans le même temps on retient ses équipiers sur notre ligne bleue.

7.1. Adhérence.

Au début du match, l'on doit contenir l'adversaire, l'étourdir et prendre l'initiative. C'est le même but si nous devons inverser le cours d'un match. Ce qui implique que l'on choisit l'adhérence.

Rencontre de type 2-1-2 "triangle".

L'attaquant le plus proche de l'adversaire qui possède le palet, court vers lui afin d'aller à son contact, même si l'adversaire et derrière la cage. Le second attaquant est à mi-chemin entre les défenseurs de l'adversaire et leur ligne bleue. Si le premier attaquant a bien réalisé son action, alors le second fini la récupération. Si le défenseur adverse a réussi à passer à son partenaire, alors le second attaquant va marquer celui qui aura reçu le palet, pendant que le premier attaquant reprend sa place initiale. Les ailiers percutent systématiquement les adversaires, et reprennent leurs positions immédiatement.
Les défenseurs marquent les attaquants adverses, le centre (ou l'attaquant défensif) patrouille entre les adversaires et les ailiers, guettant des passes par le centre.

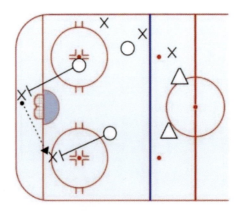

Cette configuration fonctionnera contre un adversaire lent qui n'a pas le temps de passer. Habituellement, le défenseur avec le palet n'est pas chassé de derrière la cage mais est joué selon le schéma 1-2-2 « Triangle haut ».

Rencontre de type 1-2-2 "Triangle haut".

Les trois attaquants occupent la zone de l'adversaire, soit les défenseurs marquent les attaquants adverses ou restent au niveau de la ligne rouge. Le Centre va à la rencontre du joueur qui possède le palet, sans pour autant le suivre derrière la cage. Dans ce schéma, il est possible d'effectuer une récupération par un fort contact, mais ce n'est pas une obligation. Dès que le palet a été passé l'attaquant le plus proche (le Centre) se dirige vers son ailier tandis que celui-ci sans l'attendre intercepte le palet. Les autres équipiers tiennent leurs positions.

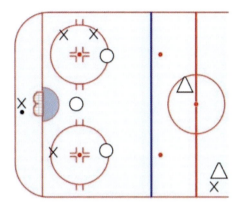

7.2. Pression de mouvement.

Lorsqu'on joue avec un adversaire de même niveau, on ne doit pas effectuer de pressing, il est difficile de casser les combinaisons de joueurs qui possède d'excellents dribbles, il faut également se méfier des passes longues et rapides de l'adversaire qui sont trop dangereuses. Nous devons au contraire toujours le marquer et suivre continuellement son mouvement.

Rencontre de type 1-2-2 "Etoile".

Le Centre ralentit l'adversaire en se dirigeant vers le bord, l'ailier le plus proche se rabat sur le même bord dans le but de soutenir de Centre, puis, laissent le défenseur le plus proche s'occuper de l'attaquant adverse, après ce mouvement chacun des équipiers reprend sa position. Toute l'équipe reste au proche contact des adversaires. La récupération a lieu sur la ligne rouge. Les défenseurs ont la responsabilité de stopper les passes diagonales sur notre ligne bleue.

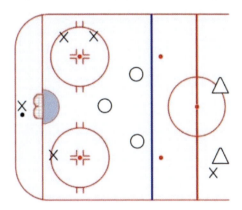

La principale différence entre le schéma « étoile » et les autres schémas 1-2-2 est la densité du jeu au moment où le palet franchit la ligne bleue de l'adversaire. 1-2-2 "étoile" permet de rabattre l'attaquant adverse contre le bord et de le piéger, avec l'ensemble de la ligne qui résiste, regroupée sur le même bord.

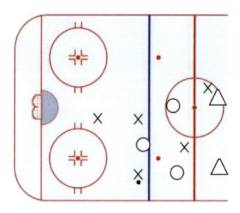

Nous devons toujours être en mesure de modifier le schéma en cours par un schéma 1-3-1, plus économe en énergie. Surtout dans le cas où l'adversaire parvient à envoyer les ailiers sur leur bord respectif, ce qui oblige nos attaquants à les marquer.

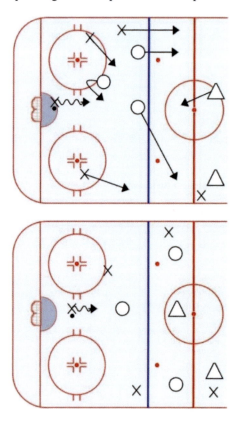

Rencontre de type 1-2-2 « Garde Personnelle ».

Ce schéma est utilisé lorsqu'un adversaire passe derrière sa cage sans prendre le palet.

Dans le schéma ci-dessous, le Centre suit l'adversaire qui est passé derrière la cage sans prendre le palet, l'Ailier Droit exécute le même mouvement pour suivre le second adversaire qui est passé également derrière sa cage, et ainsi de suite... Tout le monde marque étroitement les adversaires, même s'ils n'ont pas le palet. L'objectif est de récupérer le palet au-devant de la ligne rouge.

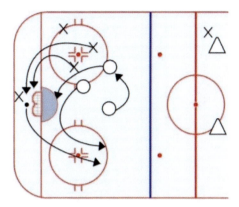

Rencontre de type 1-3-1 "Garde proche".

Ce mouvement est similaire à celui de type de type 1-2-2 « Garde Personnelle », excepté que celui-ci se déroule sur une plus grande zone, et que le troisième attaquant viendra prendre la place du second. Le Centre va à la rencontre de l'adversaire, les ailiers restent sur leurs bords, et l'un des défenseurs reste proche de notre ligne bleue et le second reste au milieu.

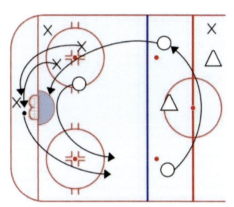

Cette variante nécessite pour la ligne un énorme travail, le mieux est de conserver ce schéma de jeu à l'état théorique.

7.3. Prudemment.

Si nous menons au point, ou pour empêcher les contre-attaques de l'adversaire, ou si nous avons un joueur agile et rapide dans la ligne, alors il est chargé d'aller en premier à la rencontre des adversaires, tandis que les autres reculent derrière la ligne rouge. Nous réduisons le nombre d'attaques en mouvement de l'adversaire et économisons des forces pour repousser l'assaut final. Mais si l'adversaire a coordonné des joueurs agiles et rapide, les schémas de type 1-4 et 1-3-1 seront trop dangereux.

Rencontre de type 1-4.

Le Centre va à la rencontre de l'adversaire qui possède le palet, et suit le palet, les Ailiers restent sur leur bord respectif au niveau de notre ligne bleue et face aux ailiers adverses, les défenseurs sont déjà en position au niveau de la ligne bleue mais au centre du terrain. La récupération du palet s'effectuera sur notre ligne bleue.

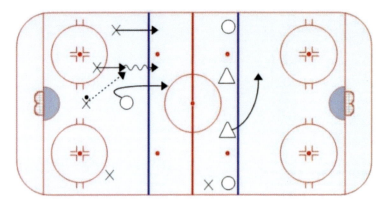

Rencontre de type 1-2-2 "Large".

Le Centre va à la rencontre de l'adversaire qui possède le palet, et suit le palet, les Ailiers restent sur leur bord respectif au niveau de la ligne rouge et face aux ailiers adverses où ont effectuera la récupération du palet. Les défenseurs assurent sur leur ligne bleue.

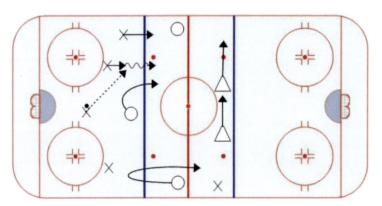

S'il y a une passe au centre, soit l'un des défenseurs soit un ailier libre va au contact et marque l'attaquant de l'adversaire afin de récupérer le palet.

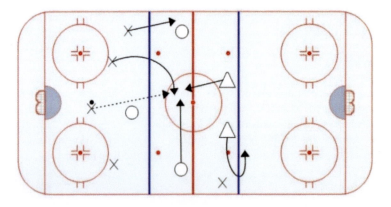

Rencontre de type 1-3-1.

C'est un système de mode économique très efficace. Le Centre va à la rencontre de l'adversaire, les ailiers restent sur leur bord respectif, l'un des défenseurs en deuxième ligne au milieu et au niveau des ailiers, tandis que le dernier défenseur couvre la ligne.

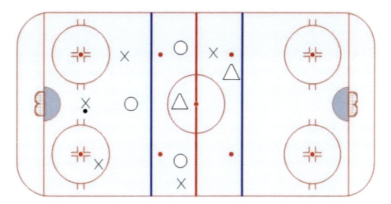

Chapitre 8. Règles de défense.

La zone de défense est divisée en sections, répartie entre la ligne de but et la ligne bleue. Ces sections sont :
- Le haut de l'enclave ;
- Le bas de l'enclave ;
- Les coins ;
- La zone de but, (c'est l'endroit le plus tendu) ;
- La zone derrière la cage.

En défense, il existe des règles :

- Générales (pour l'ensemble des zones de défense) ;
- Spécifiques.

8.1. Règles de défense générales.

- **Être à sa place.**

    Prendre position, être à sa place, soyons entre l'adversaire et la cage. Lorsque nous allons chercher à récupérer le palet surveillons toujours notre position pour ne pas laisser l'adversaire nous contourner.

- **Ne pas intercepter un shoot.**

    N'essayons jamais d'intercepter le palet en l'air en changeant la position du corps ou la position de la crosse. Même si nous attrapons le palet, nous devrons toujours nous battre pour le conserver, et si nous ne l'attrapons pas, ce qui est très probable, nous pourrons modifier sa trajectoire vers notre cage ce qui désorientera le gardien, et aidera notre adversaire. Un gardien n'est pas à blâmer pour un palet qui rentre dans sa cage, par contre celui qui a dévié la trajectoire est toujours à blâmer.

- **Marquer l'adversaire.**

    Si l'adversaire n'est pas en procession du palet, soulevons sa crosse, poussons-le, laissons-le toujours sentir que nous sommes proche de lui, s'il a le palet, allons au contact. Cette règle s'applique en particulier aux ailiers qui ont repris une position de défense. Lorsque l'adversaire contre-attaque, en le voyant se déplacer vers la zone de but, marquons-le, et suivons-le jusqu'à ce que nous passions le marquage à l'équipier responsable de la zone de but.

- **Le principe du voisin.**

    Si un joueur, quitte la zone de danger, le joueur de la défense le plus proche doit le remplacer.

8.2. Règles de défense spécifique.

- **Nettoyer la zone de but.**

    Une fois en position, faisons sortir notre adversaire. Nous, et lui - nous sommes déjà deux ; cela bouche la vue du gardien, il peut ne pas voir un simple tir, peut réagir trop tard et laisser le palet tomber dans la zone de but. Un adversaire dans la zone de but a toujours la possibilité de récupérer le palet et d'avoir une deuxième chance de marquer.

- **Bloquer la crosse.**

    Dans toute situation, il faut bloquer en premier lieu la crosse du joueur que nous marquons, puis analyser la situation. Le but de bloquer la crosse et d'empêcher un tir dans la cage.

- **Ne pas bloquer la visibilité du gardien.**

    Si notre adversaire a réussi à se débarrasser de nous et qu'il reçoit une passe, ne nous précipitons pas pour intercepter le palet, nous risquerions de bloquer la visibilité du gardien. Au contraire, allons au contact et bloquons sa crosse. S'il shoot, précipitons-nous pour secourir le gardien.

- **Déploiement sur la trajectoire du shoot.**

    En cas d'urgence, si l'adversaire fait un shoot de loin, jetons-nous sur le palet, attention, ce n'est pas à faire systématiquement car l'adversaire comprendrait facilement nos manœuvres, de plus, il y a un risque de blessure. Il vaut mieux s'interposer sur la trajectoire du shoot, debout, sur un genou, ou sur les deux avec les paumes ouvertes. Si nous arrivons à bloquer et récupérer le palet, alors il faut immédiatement partir en contre-attaque.

Chapitre 9. Formation de la défense.

Dans la plupart du temps lors d'une attaque positionnée, les trois attaquants adverses se passent le palet, or nous n'avons que deux défenseurs, nous devons donc utiliser un de nos attaquants, généralement c'est le Centre qui assure le rôle de défenseur, nos ailiers, eux, s'occupent des défenseurs adverses sur la ligne bleue.

9.1. Adhérence.

Si l'équipe adverse n'est pas équilibrée (pas de défenseurs qui shoot), ou si notre ligne défensive est faible (nos défenseurs perdent les duels), alors il faut utiliser le pressing de type adhérence, on peut également l'utiliser lorsque l'adversaire joue « 2-3 Centre étiré ». Le pressing de type adhérence a pour but la récupération du palet par deux joueurs, l'un bloque l'adversaire qui possède le palet, l'autre le récupère. L'intérêt de cette formation est qu'elle crée un avantage numérique pour les défenseurs au niveau la ligne de but. L'inconvénient est que l'on délaisse la ligne bleue.

Défensive de type 0-5 "Récupération collée".

Selon ce schéma, les ailiers jouent profondément dans la zone défensive et surveillent les défenseurs adverses sur la ligne bleue. Si l'adversaire est derrière la ligne de but, alors la ligne entière descend vers la cage. Le Défenseur Polyvalent (DP) et Centre (C) essayent de récupérer le palet dans les coins et derrière la cage, le Défenseur Défensif (DD) se place dans le bas de l'enclave, l'Ailier Opposé (AO) dans le haut de l'enclave et l'Ailier Proche (AP) sur son bord.

Dès que l'adversaire en procession du palet a été poussé dans le coin le Défenseur Défensif (DD) va aider son partenaire et récupère le palet, l'Ailier Opposé (AO) descend plus bas vers la cage, l'Ailier Proche (AP) garde sa position vers le bord. Si l'échange se poursuit, l'Ailier Proche se dirige vers la ligne bleue et marque plus étroitement le défenseur adverse, l'Ailier Opposé (AO) continue à garder sa zone.

Si les combinaisons de l'adversaire sont sur le bord, l'Ailier Proche (AP) se déplace vers la ligne bleue et marque le défenseur, l'Ailier Opposé (AO) conserve la responsabilité de protéger la zone de but et de surveiller le défenseur adverse face à lui, il reste également responsable de la surveillance de son bord. Ce schéma donne beaucoup de travail à l'Ailier Opposé (AO).

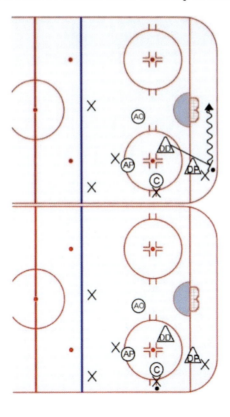

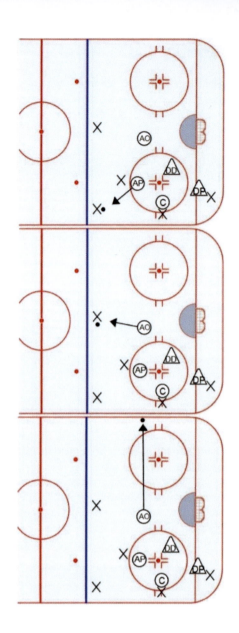

9.2. Pression de mouvement.

En théorie, c'est la formation défensive la plus forte. Si notre équipe est en excellente forme physique et technique, et apte à gagner les duels, nous pouvons ne pas jouer en fonction de l'adversaire, mais imposer notre propre jeu. Cependant il n'est pas conseillé de l'utiliser contre un adversaire qui mène au score et qui joue la sécurité, car dans ce cas, nos joueurs, chargés de marquer les défenseurs adverses se retrouvent en dehors de leur zone de responsabilité. L'avantage de la pression de mouvement utilisée en défense, et d'effectuer continuellement une pression sur l'adversaire ayant le palet, et se trouvant de fait dans l'impossibilité de réaliser une passe. L'inconvénient est de jouer sans filet de sécurité.

Défensive de type 5x5 "Suivi continuel".

Selon ce schéma, il n'y a ni Défenseur Défensif (DD), ni Défenseur Polyvalent (DP), ni Centre (C), et pas d'Ailiers. Dès que l'adversaire est entré dans la zone, le joueur le plus proche le prend et le marque. Il est très important de travailler sur le changement de marquage des joueurs si l'adversaire effectue des passes. Au cas où nous perdrions le contrôle du marquage, il est préférable de respecter la règle de perte de notre joueur, à savoir, la ligne de défense se positionne rapidement vers la zone de but, nos ailiers marquent les adversaires sur la ligne bleue.

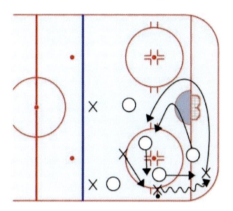

9.3. Prudemment.

La formation la plus simple dans tout sport d'équipe est la défense de zone. Les avantages de cette formation résident dans sa simplicité et son économie d'efforts. L'inconvénient est que la défense reste statique.

Défensive de type 2-3 "Protection de zone".

Selon ce schéma, chacun a une position assignée en défense : les Ailiers sont sur la ligne bleue, et marque très étroitement les défenseurs adversaires, le Défenseur Défensif (DF) est au niveau de la zone de but, le Centre (C) et le Défenseur Polyvalent (DP) sont dans les coins et derrière la cage.

Si l'adversaire change brusquement de côté, il est possible que le Défenseur Défensif (DD) quitte sa position pour chercher le palet, il sera alors remplacé par le Défenseur Polyvalent (DP).

Si les combinaisons de l'adversaire se situe dans un coin, alors l'Ailier Opposé (AO) descend vers le bas de l'enclave.

Si le Défenseur Défensif (DD) va dans le coin, alors l'Ailier Opposé (AO) descend au niveau de la zone de but. Cette situation se produit souvent lorsque l'adversaire joue 2-3 « Sécurité », il est important que l'Ailier Proche (AP) surveille constamment l'attaquant adverse qui se déplace au sommet.

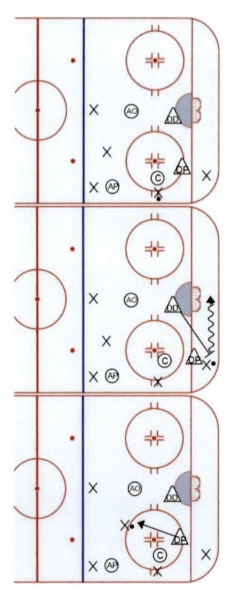

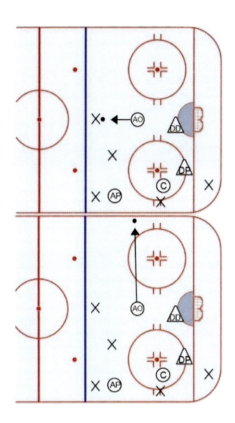

Partie 3. L'AVANTAGE NUMERIQUE

C'est là que se créent les victoires ! Bien sûr, il y a des exceptions, parfois les équipes gagnent sans avantage numérique ou permettent à l'adversaire de mener des attaques en mouvement. L'avantage numérique et les attaques en mouvement sont comme des cadeaux pour l'équipe.

Chapitre 10. Escouades spéciales.

Si l'on connait l'ensemble des constructions de Power-Play, on sait comment contrer l'adversaire lorsqu'il a l'avantage numérique, et sur quoi porter une attention particulière. Au contraire, si l'on a l'avantage numérique connaitre la problématique du box (quatuor minoritaire), permet de mieux construire notre jeu.

10.1. Construction en Power-Play.

Il existe trois constructions de jeu en Power-Play, qui peuvent alterner au cours du déplacement.

Construction sur un seul côté.

Cette construction est jouée depuis un côté par le Dispatcher-Buteur (DB) droitier si elle est jouée sur le côté gauche, et, inversement gaucher si elle est jouée sur le côté droit. Au centre se trouve le Buteur (Br) si la construction est jouée sur le côté droit, le Buteur devra être droitier et inversement si la construction est jouée à gauche le Buteur (Br) devra être gaucher. Derrière la cage se trouve le Dispatcher (Dp), dans la zone de but se trouve le Distributeur (Dt) ou un Buteur (Br). Complétant la formation, sur la ligne bleue, un Défenseur Polyvalent (DP), bon tireur droitier si la Construction est jouée à droite, gaucher si elle est jouée à gauche.

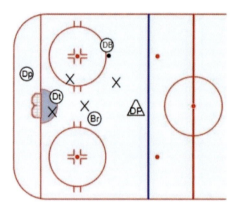

Construction 1-3-1.

Cette Construction est jouée sur les deux côtés par deux Dispatcher Buteur (DB) le droitier à gauche, et le gaucher à droite. Au centre se place un Buteur (Br), sur la zone de but, jouant comme un pilier, soit un Distributeur (Dt), soit un Buteur (Br), sur la ligne bleue on positionne un Défenseur capable d'effectuer des bons shoots.

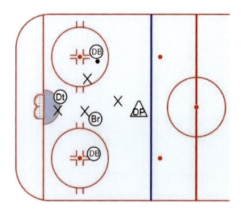

Dans cette formation, un côté préférentiel est conditionné par le fait que le Buteur (Br) au centre est droitier ou gaucher, de même pour le Défenseur Polyvalent (DP) sur la ligne bleue.

Construction « Enveloppe ».

Cette Construction est également jouée sur les deux côtés par deux Dispatcher Buteur (DB), l'un gaucher, l'autre droitier ils sont positionnés derrière la cage. Devant la zone de but, le Buteur (Br) et deux défenseurs capables d'effectuer des bons shoots au niveau de la ligne bleue.

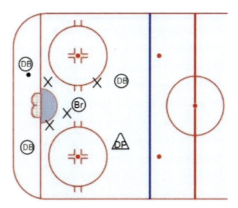

Comme nous pouvons le voir sur le schéma ci-dessus, à la place d'un défenseur avec un bon shoot, on peut placer un Dispatcher Buteur (DB).

L'équipe qui ne possède pas une escouade avec beaucoup d'expérience à jouer ensemble utilisera le système « Faire feu de tout bois ». Cependant en Power-Play, ce n'est pas une Construction, c'est juste la solution de dernier recours.

Le jeu se joue sur la ligne bleue entre trois joueurs, tandis que les deux autres se positionnent devant la cage.

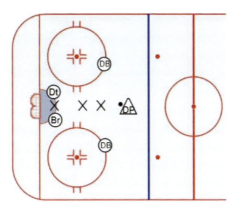

10.2. Combinaisons en Power-Play.

Le but de tout schéma d'attaque est d'aider à amener un partenaire à shooter. Après avoir étudié les constructions, nous approfondirons les processus de passage d'une combinaison majoritaire à une autre.

Combinaison « Demi-bord au centre ».

La solution standard est de passer au centre pour shooter depuis le demi-bord ou par le haut.

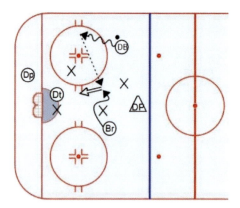

Le centre doit avoir la main directrice correspondant au côté de la combinaison, alors pourra effectuer un tir du poignet. Si la main directrice est à l'opposé, alors il effectuera juste une poussée du palet. Si la main directrice du Centre (C) n'est pas la bonne, alors on effectuera une combinaison de type " Derrière la cage au centre".

Combinaison « Derrière la cage au centre ».

Le partenaire qui détient le palet fait une passe balayée à l'attaquant qui se déplace derrière la cage qui transmettra directement le palet au centre pour un shoot.

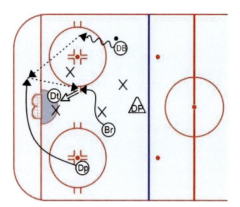

Une variante existe quand deux partenaires s'échangent le palet derrière la cage avec une passe soudaine vers le centre.

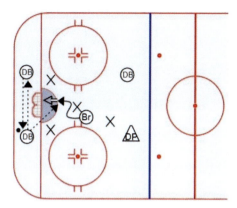

Contrairement à la combinaison « Demi-bord au centre », il n'est pas nécessaire de faire un grand mouvement des bras pour shooter, afin de ne pas montrer à l'adversaire notre action.

Mais si la passe ne va pas au centre, mais, par exemple, en direction d'un défenseur de la ligne bleue, alors ce sera ce défenseur qui fera un « tir frappé ».

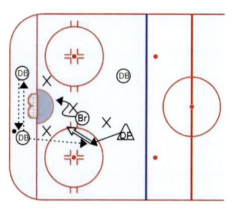

Le milieu de terrain peut également feinter en montrant son intention d'effectuer un shoot mais en réalité en réalisant une passe au second poteau.

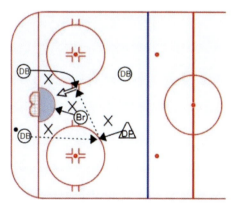

En théorie, cette combinaison peut être également être considérée comme une combinaison de type « Faire feu de tout bois ».

Combinaisons « Faire feu de tout bois ».

Effectuer une passe vers la ligne bleue pour un shoot d'un défenseur.

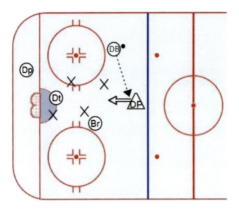

Ou, le Défenseur Polyvalent (DP) renvoie le palet vers le Dispatcher Buteur (DB) pour un shoot.

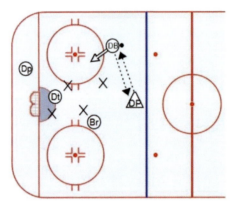

Ou, le Dispatcher Buteur (DB) et Défenseur Polyvalent (DP) commencent à s'échanger le palet afin de perturber l'adversaire, une fois l'adversaire perturbé, le Dispatcher Buteur (DB) patine vers la cage et effectue un shoot.

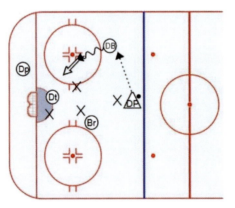

Dans ces combinaisons, on ne fait pas attention à savoir si le buteur est droitier ou gaucher.
Ou, le Défenseur Polyvalent (DP) transmet directement le palet vers le côté opposé au Dispatcher Buteur (DB) qui effectue une frappe courte.

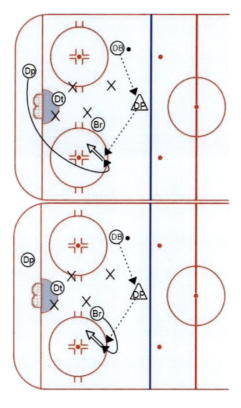

Ou, le Dispatcher Buteur (DB) placé sur un des côtés effectue une passe traversante au Dispatcher (Dp) situé sur le côté opposé afin qu'il effectue un shoot.

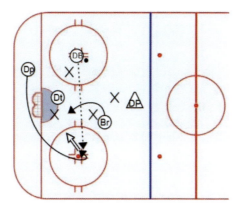

10.3. Les règles en minorité numérique (Penalty-Kill).

- **Agressivité.**

  La minorité numérique impose une agressivité dans toutes les zones.

- **Positionnement.**

  Actuellement, seules deux configurations en minorité numérique existent, le « **Carré** » et le « **Losange** ».

- Dans la configuration « **Carré** », notre zone est divisée en quatre parties

Le but du « **Carré** » est d'exercer une pression sur le palet au moment d'une passe de l'adversaire, cette pression s'effectue généralement à deux.

- Dans la configuration « **Losange** » notre zone est divisée en trois partie, avec un pilier directement chargé de protéger la zone de but.

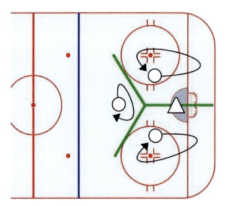

Contrairement au **Carré**, le but du **Losange** est que chaque partenaire soit responsable de sa propre zone.

- **Réorganisation.**

Au même titre que dans le Power-Play, la brigade spéciale de Penalty-Kill qui se déploie soit en **Carré**, soit en **Losange**, doit être capable de se réorganiser, en s'adaptant à l'adversaire afin restaurer les positions défensives des zones les plus dangereuses.

10.4. Solutions en minorité numérique (Penalty-Kill).

Carré.

Le **Carré** est positionné devant la cage, ce qui permet à deux équipiers de se déplacer de façon synchrone pour récupérer le palet.

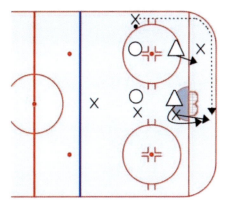

Lorsque l'adversaire effectue une passe vers la ligne bleue, l'attaquant opposé quitte le carré pour contrer l'attaquant adverse.

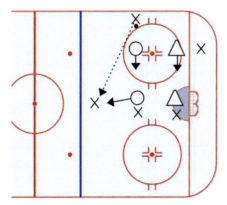

Losange.

La brigade de minorité numérique se positionne en forme de losange devant la cage, deux équipiers ont la charge de marquer les ailiers adverses sur les côtés, l'équipier au milieu est responsable de l'attaquant adverse au centre, ainsi que de l'adversaire sur la ligne bleue.

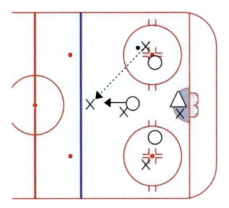

Si l'adversaire utilise la construction « Enveloppe », notre Losange se modifie sans perdre de vue l'objectif essentiel.

Double minorité :

Quand nous n'avons plus que trois équipiers sur le terrain, alors nous sommes en Double minorité, notre zone est alors découpée en trois bandes parallèles incluant l'espace derrière la cage, dans chacune de ces bandes on place un équipier qui en aura la responsabilité.

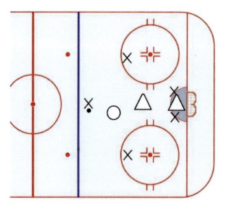

Partie 4. ENGAGEMENTS

Chapitre 11. Construction des engagements.

Il y a deux façons de gagner un engagement, l'une consiste à saisir rapidement le palet, l'autre à repousser la crosse de l'adversaire puis à attraper le palet. Si nous avons échoué à gagner l'engagement, nous devons essayer de nous organiser pour contrer l'adversaire et récupérer le palet. Nous devons minimiser les ruptures de marquage. Il est important que chaque joueur sache où se déplacer en cas d'engagement perdant ou gagnant.

Ci-dessous, nous examinerons les constructions modulables d'engagement. "Modulable" car il y a des situations où l'on peut changer de joueur en fonction des objectifs, du fait qu'il soit gaucher ou droitier, des préférences des joueurs, etc.

11.1. Engagement dans la zone de défense.

À la suite d'un engagement gagné dans la zone défensive il est possible de passer directement à l'attaque. En cas de remise en jeu perdue dans la zone défensive, l'équipe est obligée de se défendre jusqu'à ce que le palet soit récupéré.

11.1.1. Bord fort.

Dans le schéma ci-dessous, nous avons pris un engagement sur le côté gauche comme exemple. Les deux ailiers (AG + AD) sont situés à côté du Hash Mark la plus proche du centre, le Défenseur Défensif (DD) se positionne entre les deux ailiers sur le Hash Mark, le Défenseur Polyvalent (DP) se place sur l'autre Hash Mark. L'objectif du Centre (C) est de gagner l'engagement et dans le même temps de réaliser une passe à rebours, le Défenseur Polyvalent (DP) récupère le palet, il a la possibilité soit de d'effectuer une passe par le bord qui sera récupérée par le Centre (C) ou l'Ailier Gauche (AG), ou afin de conserver le tempo d'effectuer une passe en avant destinée à l'un des deux ailiers. Le Centre (C) fournit un soutien en profondeur de la zone, et l'Ailier Droit (AD) fournit un soutien en se déplaçant transversalement. Ainsi, nous pouvons prendre l'adversaire au dépourvu car ses défenseurs sont trop dédiés à l'attaque, et réaliser une contre-attaque.

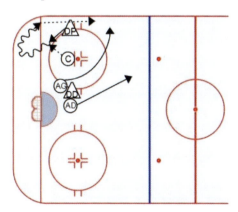

11.1.2. Croisement.

Toujours avec l'exemple, d'un engagement sur le côté gauche. L'Ailier Droit (AD) est sur le Hash Mark intérieur du cercle opposé à l'engagement, l'Ailier Gauche (AG) est également sur le Hash Mark côté droit du cercle de l'engagement, le Défenseur Défensif (DD) est situé sous l'Ailier Gauche (AG), le Défenseur Polyvalent (DP) lui, est situé dur le Hash Mark à gauche. Le Centre (C) gagne l'engagement et envoie le palet vers le bord proche, tandis que le Défenseur Polyvalent (DP) se précipite pour récupérer le palet et patiner derrière la cage tout en renvoyant le palet en arrière vers le Centre (C) qui a patiné vers le coin. Un fois que le Centre (C) a récupéré le palet il patine sur le bord, envoie le palet vers la ligne bleue à l'Ailier Gauche (AG) qui s'est déplacé afin de le recevoir. Le défenseur Défensif (DD) se place devant la cage. L'Ailier Droit (AD) va vers le centre du terrain afin de soutenir l'action.

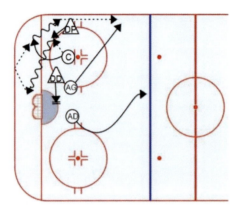

11.1.3. Passe courte.

Dans le schéma ci-dessous, nous prenons l'exemple d'une passe courte lancée depuis le bord droit, l'Ailier Droit (AD) est positionné sur la Hash Mark proche du point d'engagement, l'Ailier Gauche (AG) est situé sur le Hash Mark en face de l'Ailier Droit, les deux défenseurs sont légèrement en retrait de l'Ailier Droit (AD) sur le cercle.

Le Centre (C) qui a gagné l'engagement effectue une passe arrière vers le Défenseur Défensif (DD) qui se déplace pour la recevoir et passe aussitôt au Défenseur Polyvalent (DP) qui lui-même s'est déplacé et patine avec le palet derrière la cage. Il a deux options, soit donner au centre, soit au bord proche.

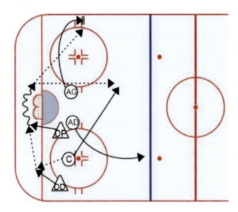

11.1.4. Lancé derrière la cage.

Le Centre (C) est à sa place, le Défenseur Polyvalent (DP) sur le Hash Mark de droite proche du point d'engagement, le Défenseur Défensif (DD) se positionne sur le Hash Mark opposé, l'Ailier Gauche (AG) sur le cercle proche du Défenseur Polyvalent (DP), l'Ailier Droit (AD) est sur le Hash Mark intérieur sur du cercle droit. Le « lancé derrière la cage » est une variante simple à exécuter contre le pressing de l'adversaire, lorsque le Centre (C) a gagné l'engagement il effectue une passe arrière vers le Défenseur Défensif (DD) qui s'est déplacé pour récupérer le palet et le lancer derrière la cage, L'autre défenseur se déplace afin récupérer le palet au rebond.

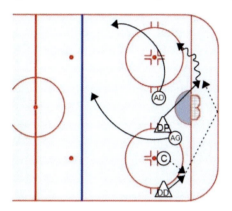

11.1.5. Maintenir le tempo.

Le schéma ci-dessous servira d'exemple pour un engagement sur le bord droit. L'Ailier Droit (AD) est positionné sur le Hash Mark de gauche proche du point d'engagement, le Défenseur Défensif (DD) et lui positionné sur le cercle en retrait de l'Ailier Droit (AD), L'Ailier Gauche (AG) est positionné sur le Hash Mark en face de l'Ailier Droit (AD) afin qu'il puisse arriver rapidement sur le bord gauche pour récupérer le palet.

Le Centre (C), qui gagne l'engagement fait une passe en arrière vers le Défenseur Polyvalent (DP) initialement positionné sur le Hash Mark et qui se déplace afin de récupérer le palet, une fois le palet récupéré, il envoie ce dernier avec force derrière la cage en direction du bord gauche et de la ligne bleue, Ailier Gauche se charge de le récupérer et de lancer la contre-attaque.

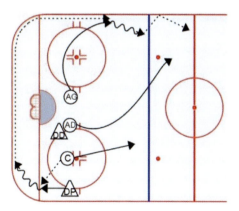

11.1.6. Sur un seul partenaire.

Dans le schéma ci-dessous, l'engagement s'effectue sur le bord droit. L'Ailier Droit (AD) est positionné sur le Hash Mark intérieur du cercle droit, le Défenseur Défensif (DD) est positionné sur le cercle en retrait de l'Ailier Droit (AD), le Défenseur Polyvalent (DP) est en position sur le Hash Mark opposé à celui de l'Ailier Droit (AD), l'Ailier Gauche (AG) et lui positionné sur le Hash Mark intérieur du cercle gauche.

Le Centre (C) qui gagne l'engagement effectue une passe en retrait en direction du Défenseur Polyvalent (DP) qui s'est déplacer pour recevoir le palet, il patine ensuite derrière la cage et effectue une passe longue vers l'Ailier Droit (AD), qui aura effectué un mouvement en « S » afin de tromper l'adversaire et qui recevra le palet au centre du terrain. L'ailier Gauche quant à lui se déplace vers son bord.

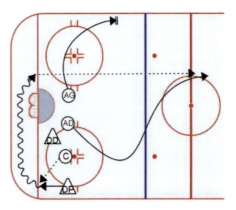

Une variante est possible, si nous sommes à côté de notre banc, alors l'Ailier Droit (AD) effectue très rapidement un changement avec un partenaire, cela a pour but premièrement de perturber l'adversaire, et deuxièmement d'arriver plus rapidement à récupérer le palet sur la ligne bleue adverse.

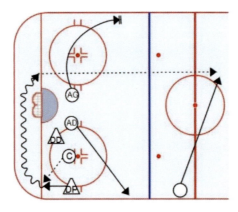

11.2. Engagement gagné dans la zone centrale.

L'engagement dans la zone centrale est également un élément important du jeu. Après avoir remporté engagement, il est possible d'effectuer une attaque rapide et d'organiser une entrée dans la zone adverse.

11.2.1. Point central. Classique.

Il y a quatre options classiques utilisées par la plupart des équipes. Après que le Centre (C) a lancé le palet à un le défenseur celui-ci transfère le plus souvent le palet à son partenaire défenseur, après quoi les événements se déroulent comme suit :

1. Le Défenseur effectue une passe sous la ligne bleue à l'attaquant le plus proche ;
2. Le Défenseur effectue une passe par le centre à l'Ailier ;
3. Le Défenseur donne une passe traversant le terrain à l'attaquant central (option risquée) ;
4. Le Défenseur franchit lui-même la ligne rouge et lance le palet dans la zone de l'adversaire.

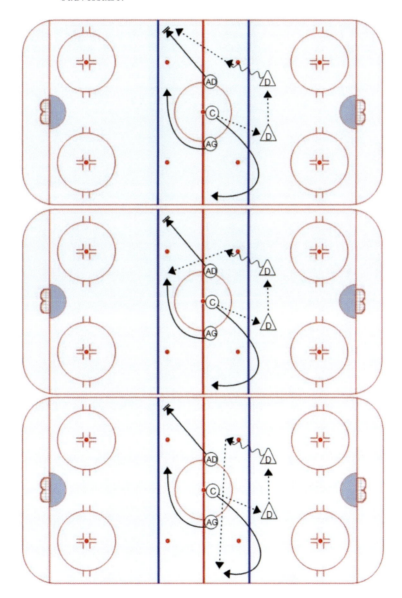

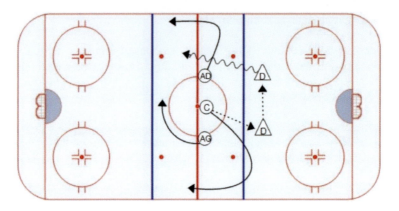

11.2.2. Attaquant à la place d'un défenseur.

Dans le schéma ci-dessous, l'engagement est effectué sur le côté droit de la zone centrale, près de la zone offensive. Dans cette variante, l'Ailier Gauche (AG) prend la place du Défenseur gauche, ceci dans le but de tromper l'adversaire.
Le but du Centre (C) est une fois qu'il aura gagné l'engagement de lancer le palet en avant vers le centre du terrain. L'Ailier Gauche (AG) se déplace très rapidement vers le palet, alors que l'Ailier Droit (AD) seconde l'Ailier Gauche (AG) en se déplaçant dans la même direction.

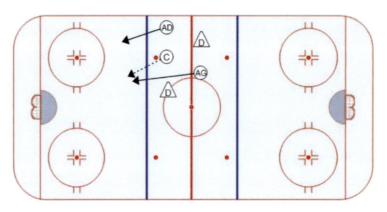

11.2.3. Attaque transverse.

Dans l'exemple ci-dessous, l'engagement s'effectue sur notre ligne bleue et sur le côté droit. L'organisation est classique. L'objectif principal est de gagner l'engagement sur l'un des défenseurs. Si l'engagement est gagné, et la passe effectuée vers l'arrière à droite (comme indiqué sur le schéma), alors l'arrière transfère immédiatement le palet au défenseur arrière gauche qui patine rapidement et passe le palet sous la ligne bleue à l'Ailier Droit (AD) qui se sera déplacé pour le récupérer. Le Centre (C) se déplace vers le centre du terrain. L'Ailier Gauche (AG) soutien la contre-attaque.

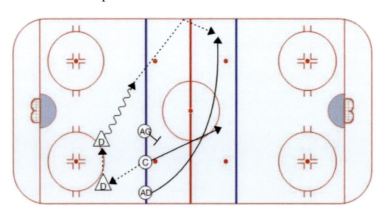

11.2.4. Avancée par le centre.

Dans les schémas ci-dessous, l'engagement a lieu sur notre ligne bleue et sur le côté gauche. L'objectif est de gagner le palet sur le défenseur gauche. Le Défenseur gauche transfère ensuite le palet au défenseur droit qui, après l'avoir reçu se précipite sous la ligne bleue. L'Ailier Gauche (AG) traverse rapidement sur la ligne rouge. Le Centre (C) se déplace vers le centre de la ligne. L'Ailier Droit (AD) se déplace le long de son bord. Il y a deux options ici, mises en évidence dans les schémas. Le défenseur joue en fonction de la situation et peut effectuer, soit, une passe au Centre (C), soit effectuer un lancer sur le bord opposé pour donner à l'Ailier Gauche (AG) qui se sera déplacé.

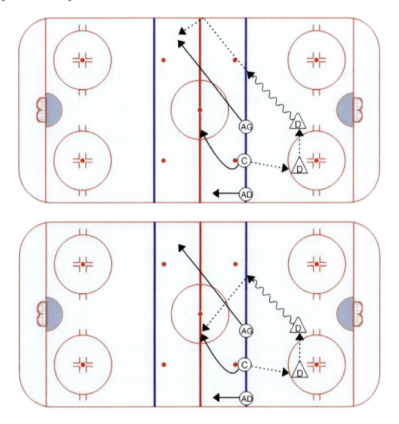

11.2.5. Basculement du centre vers le bord.

Dans le schéma ci-dessous, l'engagement s'effectue sur notre ligne bleue côté gauche. Dans cette variante, il est nécessaire que le Défenseur Droit (DD) se positionne derrière le Centre (C), l'objectif du centre et une fois l'engagement gagné d'effectuer une passe rapide vers le défenseur situé derrière lui, et de se déplacer très rapidement sur le bord droit, l'Ailier Droit (AD) se déplace rapidement au centre, sur la ligne rouge, l'Ailier Gauche (AG) se déplace sur le flanc gauche. Trois options se présentent dans les schémas ci-dessous, soit le Défenseur droit passe le palet au Défenseur gauche, qui patine rapidement avec celui-ci et effectue une passe à l'Ailier Gauche (AG), soit il effectue une passe au centre qui sera récupérée par l'Ailier Droit (AD), soit il effectue une passe vers le bord droit qui sera récupérée par le Centre (C).

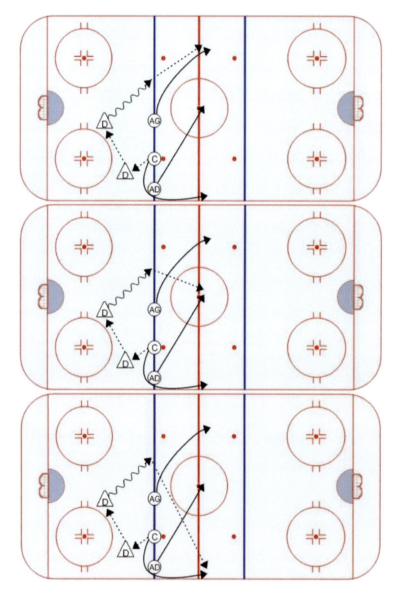

Il est également possible que le Défenseur effectue un lancer sur le bord et vers le coin de la cage adverse. (CF. Chapitre 3. L'entrée).

11.3. Engagement perdu dans la zone centrale.

Dans le cas d'un engagement perdu dans la zone centrale, lorsque les adversaires ont passé le palet à leurs défenseurs, ils existent trois schémas à appliquer en fonction du plan de match, ils s'appliquent à tous les points d'engagement de la zone centrale. Il convient également de rappeler que si l'adversaire a reculé et commence le « roulement », alors nous appliquerons la « Rencontre » (voir chapitre 7).

11.3.1. Pressing par les deux ailiers.

Les ailiers vont brusquement vers les défenseurs de l'adversaire, le Centre (C) effectue un retrait, les défenseurs ferment les côtés.

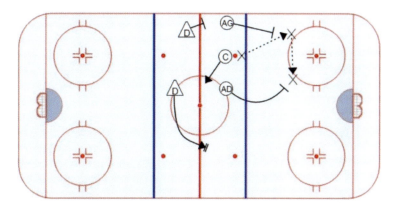

11.3.2. Mouvement d'un Ailier.

Dans cette variante, on envoie l'Ailier Gauche (AG) contrer l'adversaire le plus proche afin de l'obliger à effectuer une passe, pour changer le côté de l'attaque adverse. Le Centre (C) prend la zone centrale, l'Ailier Droit (AD) ferme le côté opposé. Les défenseurs se rapprochent de la ligne bleue.

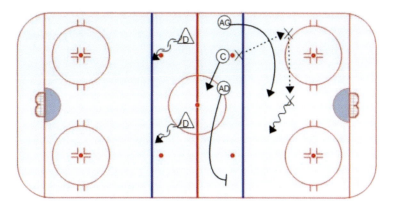

11.3.3. Mouvement du Centre (C).

Ici, c'est le Centre (C) qui va contrer l'adversaire, l'Ailier Gauche (AG) couvre la zone centrale l'Ailier Droit (AD) couvre le bord droit, le Défenseur Gauche recule au niveau de notre ligne bleue afin de la sécuriser, le Défenseur Droit se déplace sur la ligne rouge du côté droit.

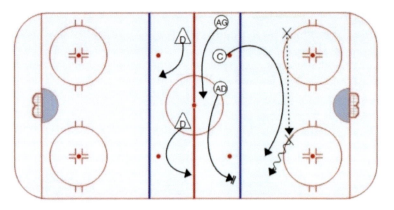

11.4. Engagement dans la zone offensive.

L'objectif d'un engagement dans la zone offensive est d'amener le buteur en position, et de marquer un but. Nous avons parlé des combinaisons dans la zone offensive (attaque positionnelle cf. chapitre 5). Ici, nous allons faire attention à la construction autour des engagements et sur la façon d'abasourdir l'adversaire et de ne pas lui laisser la possibilité de réagir.

11.4.1. Directement pour shooter.

Dans l'exemple ci-dessous, l'engagement s'effectue sur le côté gauche. La disposition des joueurs est la suivante, les deux Ailiers sont positionnés sur chacun des Hash Mark du cercle gauche, le Centre (C) sur le point d'engagement, les défenseurs sur la ligne bleue. C'est une solution simple, dans laquelle l'Ailier Droit (AD) récupère la passe arrière du Centre (C) essaye rapidement d'effectuer un shoot direct, l'Ailier Gauche (AG) se sera déplacé devant la cage. Il est à noter que si l'engagement est effectué sur le bord gauche comme sur le schéma, alors nous avons besoin d'un Ailier Droit (AD) droitier.

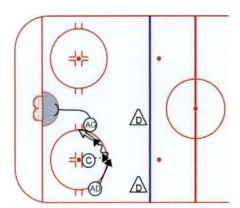

11.4.2. Transfert à un Ailier.

Dans le schéma ci-dessous, l'engagement est effectué sur le côté gauche. Les Ailiers sont positionnés sur leur Hash Mark respectif, l'Ailier Gauche (AG) sera positionné légèrement en dehors du cercle afin de lui faciliter la manœuvre à venir, le Défenseur Polyvalent (DP) face au point d'engagement et au niveau de la ligne bleue, le Défenseur Défensif (DD) est au milieu du terrain et au niveau de la ligne bleue, couvrant son côté. Simultanément, le Centre (C) effectue une passe arrière vers le Défenseur Polyvalent (DP), et patine rapidement devant la cage, l'Ailier Gauche (AG) se déplace en contournant le cercle d'engagement, l'Ailier Droit (AD) se déplace vers la zone de but, et le Défenseur Polyvalent (DP) patine avec le palet le long de la ligne bleue simulant éventuellement un faux shoot, et passe finalement le palet à l'Ailier Gauche (AG).

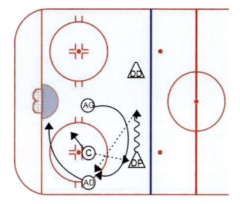

11.4.3. Pression d'angle.

Cette fois, dans le schéma ci-dessous, le Centre (C) envoie le palet directement dans le coin, le but des Ailiers est de faire un pressing sur l'adversaire dans le coin afin de récupérer le palet et de développer l'attaque.

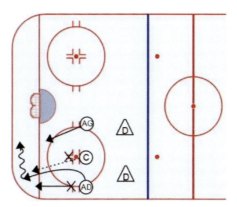

11.4.4. Contournement.

Nous continuons à expliquer avec un engagement sur le côté gauche. Le positionnement des joueurs au point d'engagement est classique. Le travail du Centre (C) est de montrer qu'il a l'intention de remporter l'engagement par une passe arrière sur le Défenseur Droit (DD), l'Ailier Droit (AD) doit se tenir prêt récupérer le palet. Un fois l'engagement gagné le Centre (C) va au sommet de la zone de but, l'Ailier Gauche (AG) se déplace vers la cage, sans toutefois être trop proche du Centre (C), l'Ailier Droit (AD) contourne le cercle et agit en fonction de la situation.

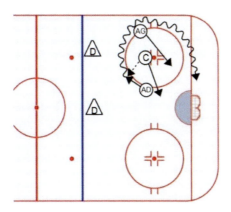

11.4.5. Déploiement.

Cette fois ci, nous prendrons à titre d'exemple, un engagement sur le bord droit. Les Ailiers se positionnent sur leur Hash Mark respectif, le Défenseur Polyvalent (DP) est légèrement en dessous de la ligne bleue, le Défenseur Défensif (DD) est sur la gauche. Cette combinaison convient aux équipes qui se déplacent rapidement vers les défenseurs lorsqu'elles perdent un engagement dans leur zone. Le Centre (C) remporte l'engagement en effectuant une passe arrière vers le Défenseur Polyvalent (DP) le Centre (C) se déplace ensuite vers la cage, les Ailiers se croisent, le Défenseur Polyvalent (DP) patine avec le palet le long de la ligne bleue et simule un shoot, il effectue une passe à l'Ailier Gauche (AG), L'Ailier Gauche transfère directement le palet à l'Ailier Droit (AD) qui s'est déplacé vers le sommet, le Défenseur Défensif (DD) quant à lui se déplace vers l'intérieur du cercle opposé.

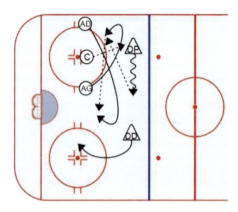

11.4.6. Pénétration.

Ci-dessous, l'engagement s'effectue sur le côté gauche. L'Ailier Droit (AD) est positionné sur la ligne du cercle sur la gauche du Centre (C) et légèrement en retrait, l'Ailier Gauche (AG) et lui positionné sur le Hash Mark à droite du Centre (C) qui est au point d'engagement, le Défenseur Défensif (DD) se trouve sur la ligne bleue au milieu du terrain et le Défenseur Polyvalent (DP) et positionné sur la ligne bleue sur le côté gauche. Avec cette combinaison, on désoriente l'adversaire, le Centre (C) remporte l'engagement et effectue une passe arrière au Défenseur Polyvalent (DP), dont l'objectif est d'effectuer avec le palet une percée vers le coin adverse, pendant ce temps, l'Ailier Droit (AD) se déplace sur le poteau de la cage le plus éloigné tout en contournant le cercle d'engagement, quant à l'Ailier Gauche (AG) il se démarque et se dirige dans la zone de but, le Centre (C) se déplace légèrement à gauche de l'Ailier Gauche (AG), le Défenseur Défensif (DD) joue en fonction de la situation.

11.4.7. Pour faire feu de tout bois.

Dans le chapitre 4, nous avons déjà vu ce qu'est « Faire feu de tout bois », voici un placement de cette combinaison sur un engagement. Les deux Ailiers sont sur le Hash Mark au niveau de la cage, pour des raisons de sécurité, nous devons placer l'Ailier qui se trouve à l'intérieur du cercle d'engagement peu en retrait, afin de protéger la zone si l'adversaire remportait l'engagement. Le Défenseur Polyvalent (DP) est au-dessus du point d'engagement le Défenseur Défensif (DD) sur le Hash Mark à côté du bord gauche, Le Centre (C) peut soit renvoyer le palet au Défenseur Polyvalent (DP), soit, patiner vers l'avant et passer le palet à l'un des deux Ailiers, soit, effectuer une passe au Défenseur Défensif (DD) afin qu'il puisse effectuer un shoot. Il est aussi possible que le Défenseur Défensif (DD) se positionne avec les Ailiers devant la cage afin de pouvoir se rendre directement au niveau de celle-ci, une fois l'engagement gagné.

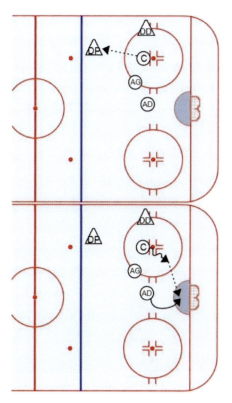

11.4.8. Blocage.

En construction classique, les attaquants et les défenseurs sont à leur place. Une variante est possible, où le Centre (C) bloque la crosse de son adversaire afin de prendre possession de du palet. Il est aussi possible que le Centre (C) bloque son adversaire pendant quelques secondes et que les deux Ailiers se déplacent rapidement afin de récupérer le palet au point d'engagement.

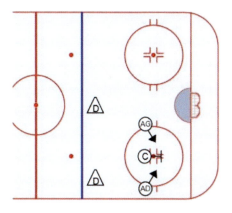

Au cas où l'engagement serait perdu dans la zone offensive, il faut utiliser les schémas de construction « Offensive » cf. chapitre 6.

11.5. Engagement en majorité numérique (Power-Play).

La majorité numérique est un aspect important du jeu. Nous avons décris précédemment les schémas de construction de jeu en Power-Play, ici, nous examinerons les trois principales options de positionnement afin de récupérer le palet. Nous devons déterminer comment l'équipe minoritaire adverse peut jouer. Une fois que nous aurons déterminé comment les adversaires peuvent jouer, il ne nous sera pas difficile de récupérer le palet même si nous perdons l'engagement.

11.5.1. Positionnement Classique.

Si aucun des Centres n'a gagné l'engagement, les deux Ailiers se déplacent pour récupérer le palet et le passer aux Défenseurs. En cas d'engagement perdu, l'Ailier Droit (AD) comme sur le schéma ci-dessous va faire le pressing dans le coin contre le défenseur adverse. L'Ailier Gauche (AG) a deux options, soit, patine vers l'arrière droit de la cage afin de bloquer l'action du défenseur adverse, soit soutenir son Ailier Droit (AD) dans le coin. Le Centre (C) soutien les ailiers. Il arrive souvent que le Centre (C) retienne le Centre adverse en respectant les règles, aidant ainsi les Ailiers.

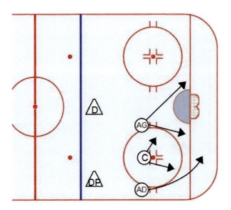

11.5.2. Doubler sur le bord.

Dans cette formation, les Ailiers droit (AD) et Gauche (AG) sont placés sur le même côté dans le but de s'entraider pour la maîtrise du palet. L'Ailier Gauche (AG) est légèrement en retrait, le Défenseur Défensif (DD) est sur le Hash Mark à gauche du point d'engagement afin de bloquer le passage par lequel le Centre adverse pourrait lancer le palet profondément dans la zone s'il gagnait l'engagement. Le Défenseur Polyvalent (DP) est sur la ligne bleue dans l'alignement du point d'engagement afin de recevoir la passe d'un partenaire. Si l'engagement n'est gagné par aucune équipe, l'Ailier Droit (AD) va directement se placer dans la zone de but afin de masquer la visibilité du gardien, l'Ailier Gauche (AG) doit récupérer le palet et le lancer au Défenseur Polyvalent (DP). En cas d'engagement perdu, les deux Ailiers se dirigent vers le coin, l'Ailier Gauche (AG) attaque le défenseur, l'Ailier Droit (AD) doit récupérer le palet.

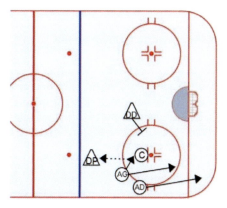

11.5.3. Doubler par l'intérieur.

Dans cette formation, les deux Ailiers sont situés sur le même côté à l'intérieur de la zone, le Défenseur Défensif (DD) sur le Hash Mark de droite, le Défenseur Polyvalent (DP) sur la ligne bleue dans l'alignement du point d'engagement, l'Ailier Droit (AD) est positionné sur le cercle afin de bloquer le passage par lequel le Centre adverse pourrait lancer le palet dans la zone immédiatement après l'engagement, l'Ailier Gauche (AG) sur le Hash Mark droit. Au cas où l'engagement ne serait gagné par aucune des deux équipes, les deux Ailiers vont se battre pour le palet afin de le transmettre au Défenseur Polyvalent (DP). Si l'engagement a été perdu, l'Ailier Droit (AD) va lutter pour le palet, dans le coin du défenseur adverse, l'Ailier Gauche a la charge de récupérer le palet. Une option est possible après l'engagement, lorsque le palet n'est gagné par personne, l'Ailier Droit doit le récupérer et le transférer à l'Ailier Gauche (AG).

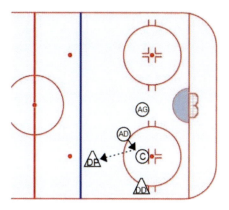

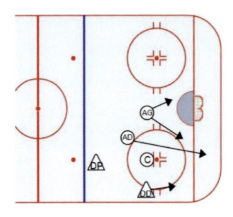

11.6. Engagement après remplacement du gardien de but.

Souvent quand on n'a pas le temps de se mettre en place afin de réaliser une Attaque Positionnée dans la zone adverse, l'issue du match se décide à ce moment. Nous créons une opportunité afin de marquer en renforçant l'attaque, en remplaçant le gardien par un sixième joueur de préférence un Dispatcher-Buteur (DB). Nous allons voir trois combinaisons possibles après un changement de gardien, il est essentiel que l'ensemble des joueurs connaissent clairement quelle combinaison est utilisée.

11.6.1. Doubler.

Dans l'exemple ci-dessous, l'engagement s'effectue sur le côté droit. Les deux Ailiers sont à l'intérieur de la zone, sur le Hash Mark côté gauche, sur le côté droit il y a un Attaquant Supplémentaire (AS) (Dispatcher-Buteur gaucher), les défenseurs sont sur la ligne bleue. Le Centre (C) gagne l'engagement et passe à l'Attaquant Supplémentaire (AS) afin qu'il effectue un lancer ou un shoot vers la cage, le Centre (C) peut également gagner le palet et shooter directement dans la cage, ou passer à l'un des deux Ailiers placés devant la cage.

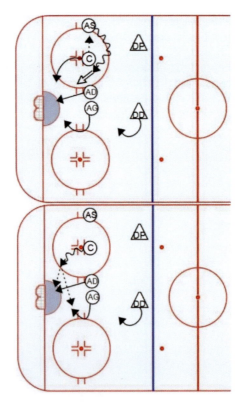

11.6.2. Sur les défenseurs.

Ici, nous prêtons attention à la position des joueurs lors de la remise en jeu. Nous avons pris l'engagement sur le côté gauche comme exemple. L'Ailier Gauche (AG) est positionné sur son côté, l'Ailier Droit (AD) sur la ligne bleue et face à la cage à la place d'un défenseur, le Défenseur Défensif (DD) est situé sur le Hash Mark de droite, l'Attaquant Supplémentaire (AS) (Dispatcher-Buteur) face à la cage et à côté du Défenseur Défensif (DD). Le Centre (C) gagne l'engagement et effectue une passe arrière au Défenseur Polyvalent (DP), le Défenseur Défensif (DD) se démarque vers le sommet, l'Ailier Gauche (AG) se déplace vers la cage et l'Ailier D (AD) se dirige vers la zone de but, l'Attaquant Supplémentaire (AS) se déplace également vers la zone de but, le Défenseur Polyvalent (DP) après avoir reçu le palet a deux options, soit directement shooter, soit effectuer une passe au Défenseur Défensif (DD) afin qu'il réalise lui-même le shoot.

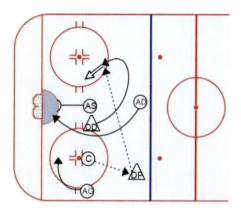

11.6.3. De l'intérieur.

Dans l'exemple ci-dessous, la remise en jeu s'effectuer sur le côté gauche. Le positionnement classique est le suivant, un Attaquant Supplémentaire (AS) est positionné près de l'Ailier Droit (AD) qui lui-même est sur le Hash Mark, le Centre (C) lance le palet derrière lui afin que l'Ailier Droit (AD) le récupère et patine avec en suivant le cercle vers le coin, le Centre (C) se déplace devant la cage, l'Ailier Gauche (AG) reste en filet de sécurité, l'Attaquant supplémentaire (AS) va vers la cage, le Défenseur Défensif (DD) descend vers le milieu de la zone, l'Ailier Droit (AD) peut soit réaliser une passe vers le Centre (C), soit une passe pour le Défenseur Défensif (DD) sur le haut de l'enclave, soit au Défenseur Polyvalent (DP), soit passer à l'Attaquant Supplémentaire (AS) mais, c'est une option très risquée.

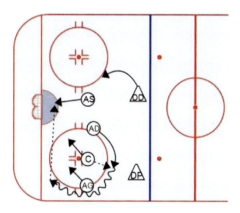

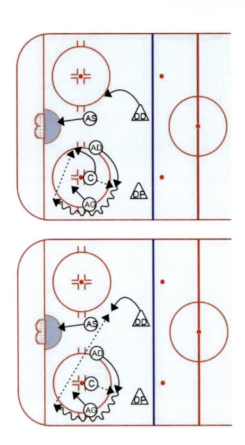

REMARQUES

Un joueur de hockey effectue de 10 à 18 changements par match.
Chaque période compte de 3 à 6 changements.
Un changement dure de 30 à 120 secondes.
Le temps sur le banc entre les changements est de 3 à 6 minutes.

En un seul changement, le joueur effectue :

- De 4 à 12 actions techniques et tactiques ;
- De 1 à 3 accélérations sur 10 à 15 mètres sur une durée de 2 à 3 secondes ;
- De 1 à 2 freinages ;

Le gardien de but est à lui seul la moitié de l'équipe, son rôle est particulier et n'a pas été développé dans ce manuel.

Caractéristique au hockey :

- <u>Caractéristique générale</u> en fonction du physique et de la mentalité : se déplacer rapidement ou aller au contact ;
- <u>Caractéristique spéciale</u> place dans le schéma et rôle dans la ligne en évolution permanente tout au long de la carrière.

Préparation des joueurs de hockey :

- Volonté ;
- Technique ;
- Athlétique ;
- Tactique.

La notation d'un joueur est basée sur deux indicateurs importants :

- Niveau de compétence (forces et faiblesses) ;
- Le niveau de contribution (la capacité de s'intégrer dans un collectif, la capacité de se battre pour une équipe, de se donner au jeu).

Principes tactiques :

- Si l'équipe adverse est rapide elle perd en endurance. Ne courons pas contre elle, par contre il faut augmenter la vitesse de déplacement du palet.
- L'équipe adverse joue contact, elle met l'accent sur l'endurance et la puissance. Pour la contrer, nous devons les ralentir et leur résister.
- L'équipe adverse est bien organisée dans son jeu en combinaison, contre cette équipe il faut mettre la pression et sortir rapidement de la zone de défense.

Ne positionnons pas une ligne « Leader » contre une ligne « Leader » de l'adversaire, il vaut mieux mettre une ligne "Choc-Puissance" contre cette ligne « Leader ».

Si vous êtes entraîneur, vous devez expliquer aux joueurs les schémas qu'ils joueront afin qu'ils comprennent clairement leurs rôles. Si vous êtes un joueur, vous devez savoir exactement ce que l'entraîneur attend de vous.

1. Comment sortir de notre zone ?
2. Comment jouer dans « l'offensive » ?
3. Comment jouer dans la zone offensive ?
4. Quelle « Rencontre » utiliser ?
5. Comment jouer lors de l'engagement et après ?
6. Comment se défendre dans notre zone ?
7. Comment jouer en « Majorité numérique » ?
8. Comment jouer en « Minorité numérique » ?
9. Comment jouer en 6x5, 6x4, 6x3 ?

Le travail d'un coach a deux fonctions :

- Sur le banc (Gestion du jeu) :

    1. Créer les lignes, les Duos et les Trios ;
    2. Contrôle du rythme d'entrée sur la glace ;
    3. Intervention ;
    4. Décision du plan et déclinaison devant l'équipe ;
    5. Motivation.

- Au cours de l'entraînement :

    6. Formation technique ;
    7. Formation tactique ;
    8. Explication sur la philosophie de jeu ;
    9. Permettre de conserver une bonne forme physique ;
    10. Effectuer un Retour d'Expériences.

CONCLUSION

Dans ce manuel, nous avons exploré plusieurs possibilités de solutions tactiques. Tous ces schémas peuvent bien entendu être modifiés et complétés.

Avoir le contrôle concède plus de choix, et en ayant plus de choix, on peut procéder à la sélection des meilleures options.

Vous trouverez toujours sur internet une quantité importante de modèles et de systèmes de jeu sur lesquels vous pourrez vous référencer, je ne vous impose rien, je me suis contenté d'essayer de vous transmettre mon expérience.

J'espère sincèrement que vous aurez pris du plaisir à lire ce manuel, et modestement j'espère qu'il vous apportera des connaissances quant aux différentes tactiques possibles au Hockey sur Glace.

Printed by Amazon Italia Logistica S.r.l.
Torrazza Piemonte (TO), Italy